誰でもできる
かんたん風水！

バグア・チャート風水

スピリチュアル・風水コンサルタント
伊庭野れい子

太玄社

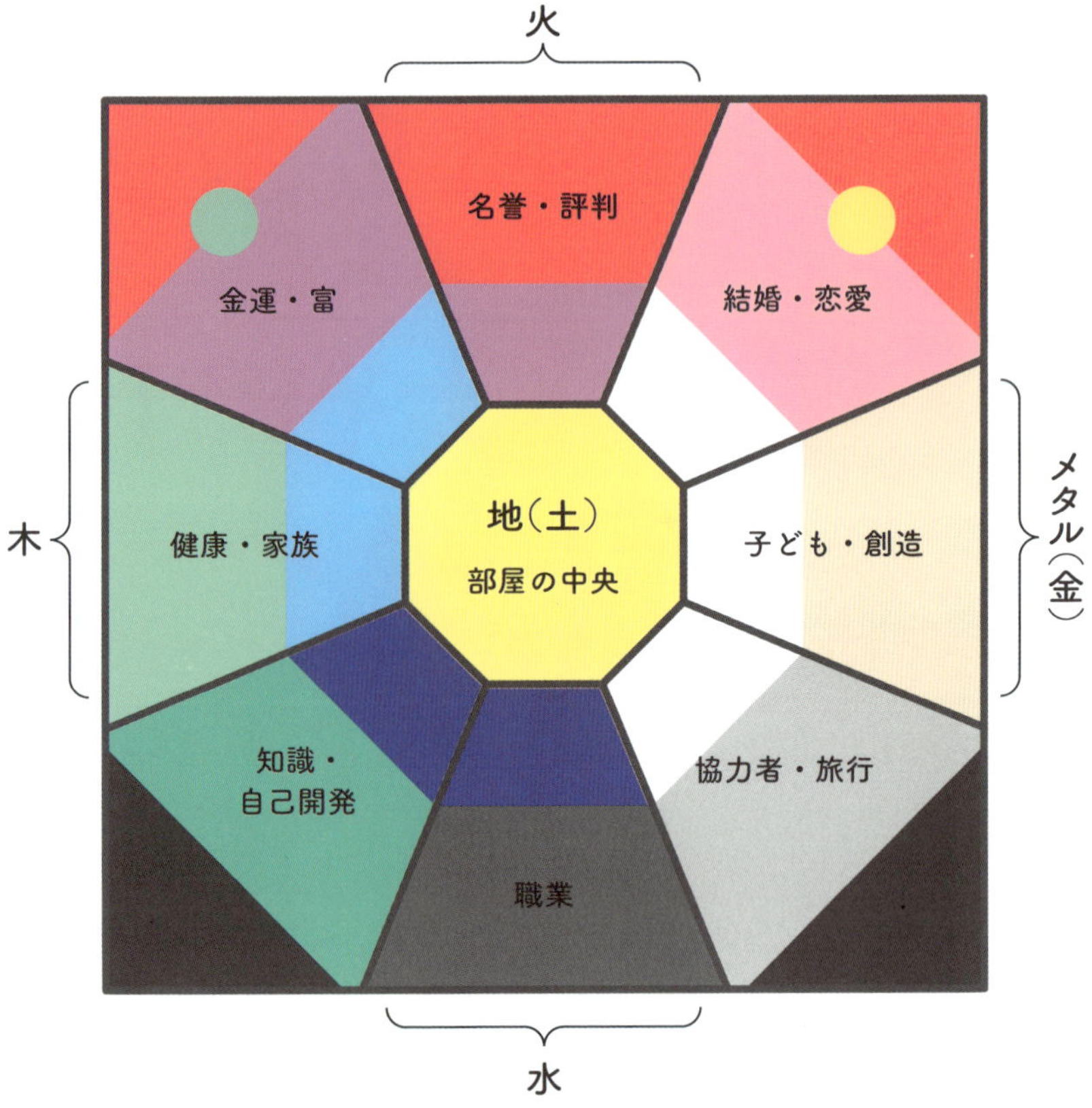

〈入り口〉（基準となる）

誰でもできる かんたん風水！　バグア・チャート風水　もくじ

第3章　バグア・チャートのそれぞれのコーナーとエリアの解説

第4章　家の立地、構造と風水の関係

第5章 各部屋の風水

第6章 風水で悩み事解決！ ～実践例～

はじめに

風水と聞くと家の立地条件はもちろん、玄関の向きやトイレの場所などを変更するのが難しいという問題や、方角にも気を配らなくてはならず、面倒と思ってしまう人が多いのではないでしょうか？　実は、私自身も風水を生活に取り入れるのは、実用的ではないように感じていたのです。

ところがホノルル在住時、中国系アメリカ人の友人で風水師のジルが、風水ショップを開いたので、遊びがてら彼女の店を何度か訪ねるうち、彼女に風水グッズの効果や風水の話をいろいろと聞かされ、徐々に興味を持つようになっていきました。

また、クレアボイアント（透視能力者）としても仕事をしている私のところに来られるクライアントの中で、「運気がずっと停滞している」とか「家族に病気が多い」という悩みをもつ人を透視すると、ほとんどの人が家の中に不必要なものをたくさん置いていて、エネルギーの流れが滞っていたり、家の中の何らかの状態が問題となっていることが多々ありました。こういう人たちに的確でわかりやすいアドバイスをするためにも、風水を勉強してみると役立つかもしれないと思うようになっていったのでした。

そんな折、ジルからアメリカで活躍中の風水師、クリア・イングレバート先生を紹介され、その当時ホノルルのカピオラニ・コミュニティー・カレッジで開講されていた彼の授業を受講する機会に恵まれたのです。受講後に、クリア先生と共に実際に私の住んでいた場所を使って風水の実践をおこなったり、彼の人気著書『Feng Shui for Hawaii』の日本語版『ハワイアン風水』（太玄社）を翻訳するうちに、風水の効果の素晴らしさをますます実感するようになりました。

クリア先生の風水は、バグアという色分けされたチャートを基《もと》におこなう風水で、主にアメリカやヨーロッパで人気のある風水の方法です。つまり従来の風水のように方角を気にすることなく、そのチャートを使うことで誰でも簡単にわかりやすく生活に風水を取り入れられるので、たちまち虜になってしまいました。

あなたもこの本を読んだその日から、バグア・チャートを片手にお住まいやオフィスのエネルギーを好転させて、素敵な未来を招き入れることができるかもしれません！

２０１６年夏

伊庭野れい子

第1章

風水の基本編

風水とは

古代中国の思想のひとつである「風水」には、４千年以上もの歴史があるといわれています。もともと風水は陰陽五行、方位学や土地の気、地形など、ありとあらゆる角度から追究された非常に奥の深い学問です。また、方位学の観点からいえば、地球は毎年その自転に伴って微妙に方角にずれが生じるので、正確に風水をおこなうには、毎年少しずつ、その方角のずれに従って建物や家具などの配置も修正しなければいけないという不便さもあります。

また、「風水」には方位磁石を使った古典的なコンパス風水のほかに、「フライングスター風水」と呼ばれる方位や地形と「気」の流れを計算したもの、部屋や場所を九分割した「バグア」と呼ばれるチャートを使い、黒い帽子を被るチベット密教の僧が始めたとされる「ブラックハット派」のバグア風水など、その数も

陰陽太極図

非常に多くそれぞれ方法が違うので、どれが絶対であるとか、どれが本物であるとかは断言できないと思います。よってどの流れの風水を勉強した先生かによって、アドバイスされることもさまざまであることが多々あります。

このように複雑な内容の風水の「師・マスター」と呼ばれるようになるには、当然のことながら、何十年という勉強と経験が必要とされてしまいます。ある意味では、風水師によりそれぞれの解釈も異なり、解説の仕方も違ってくるので、完璧な風水師あるいは風水のテキストなどは存在しないのかもしれません。

本書では、現在あなたが抱えているかもしれない風水上の問題を、方角にこだわらない「バグア・チャート」と「シンボル」と呼ばれる風水グッズを用いながら解決し、楽しく開運していただけるように、わかりやすく解説していきます。

気の流れ

風水は字のごとく、「風」と「水」が地形を形作るという考えから生まれました。そして地形は、５つの要素である五行（木・火・土・金・水）から成り立ち、これらを「気」あるいは「エネルギー」と捉え、それらのバランスの取れたエネルギーに囲まれて暮らすことで、人生は健康で幸福に満たされたものになると考えられたのです。

しかし通常は「気」を実際に目で見たり、あるいは手で触ったりすることは不可能です。でも霊感などなくても、整理整頓された家に招き入れられたときは、気持ちがよくて居心地よく感じるでしょうし、逆に雑然といろいろなものが置かれた部屋に招き入れられると息が詰まりそうになるでしょう？　これは、明らかにあなたがその場の「気」を感じ取っているわけです。

また部屋の中に入ったときに、まず自分の目がいく位置があると思いますが、それこそが気の流れてゆく道であり場所となります。もし、ドアを入ってまったく遮るものがなく、対面にある窓の外の景色が丸見えだとしたら、よい「気」も家の中で留まることなく外へと逃げ出てしまい、運気は留まらないことになります。この場合は窓際に目を引くような美しい花を飾ったり、レースのカーテンを吊るすことで、「気」が流れ出てしまわずにそこに留まらせることができます。

逆に部屋の中にあまりにもいろいろなものが置かれすぎていると、ドアから入ってきた「気」があちらこちらにぶつかっては転がり落ちてしまい、スムーズな流れにはならず、これもまたよくないのです。

このように、いかにして部屋の中に十分に「気」を取り入れて、それをゆっくりと循環させるかが、風水における大事な要素のひとつとして考えられています。「気」に満ちた家は、幸せでよい運勢もやって来やすい家ということになるのです。

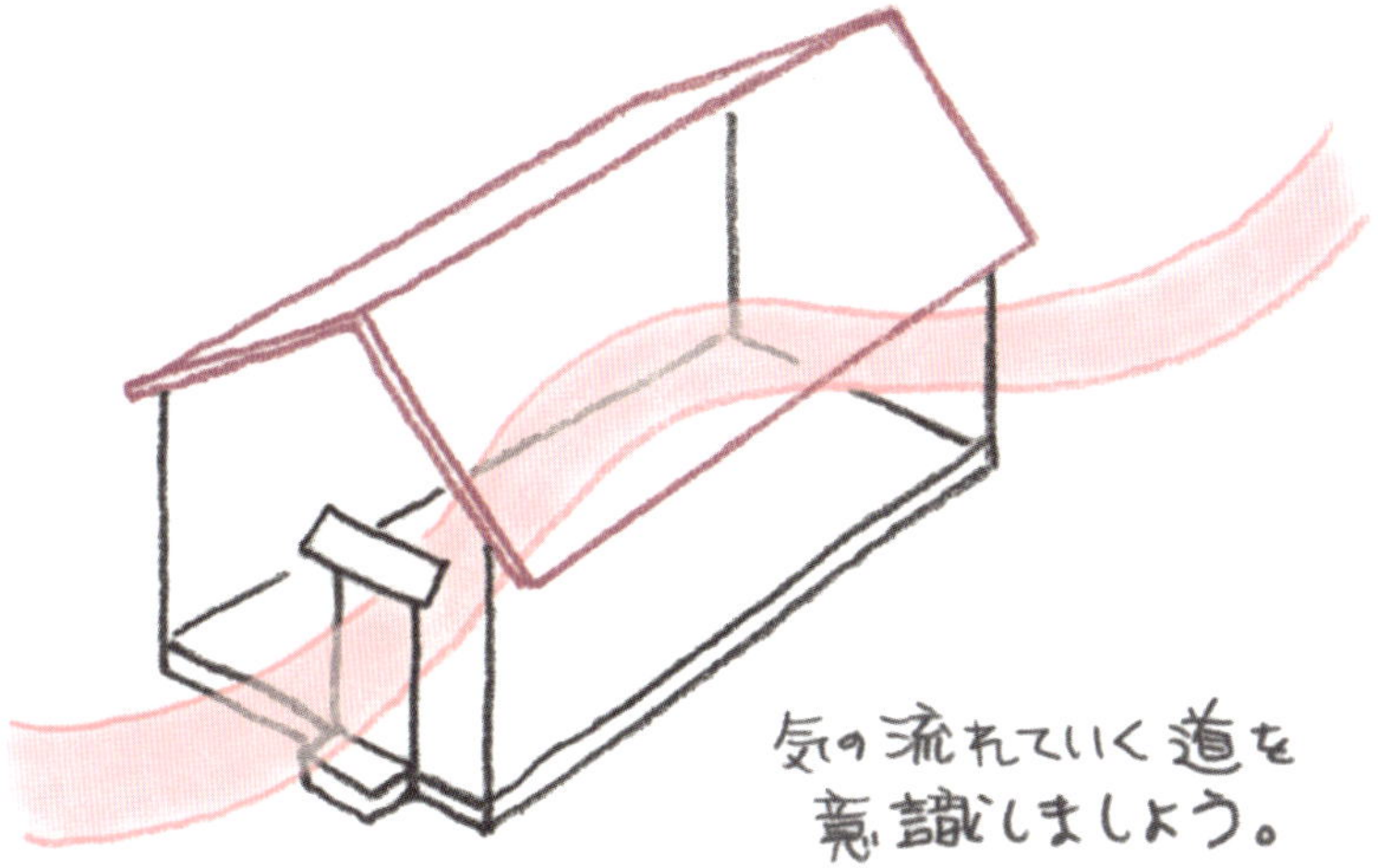

部屋の整理整頓！

　ここで、いよいよ風水について解説を始める前に、まずはみなさんにやっていただきたいことがあります。

　それは、部屋のお片づけ！　どんなに素敵なインテリアで部屋を飾っても、どんなに効果的な風水のシンボルを置いても、部屋の中が乱雑に散らかっていては、まったく効果がありません。そのうえ、障害物が部屋の中に多くあるとあなたの運勢も障害の多いものになってしまい、運気の流れが滞る原因となり、健康にも害が出やすくなってしまいます。

清掃からスタート！

　まずとりかかるのは、各部屋の掃除。掃

除機をかけるだけではなく、棚の上や窓枠のホコリ、敷居の汚れなどもきれいに拭き取りましょう。

また部屋にある鏡はもちろん、洗面所や浴室にある鏡も水が飛び散ったり、汚れているのはよくないので、こまめに拭き取りましょう。

ゴミ箱は、できるだけ蓋が付いているものを使用し、中身が見えないようにしておきましょう。

いらないものは取り外す

時期外れの絵やカレンダー、季節の飾り物なども古いエネルギーを引きずってしまうことになります。クリスマスや節句の飾り物も、時期を過ぎたら片づけてください。古いカレンダーをきれいな絵や写真だからと、いつまでも飾っておくのもよくありません。また別れた彼氏や彼女からもらったものをいつまでも飾っていると、その人のエネルギーを引きずってしまいます。

そして、柱や壁にあるフックは、何も掛かっていない場合は取り外すか、何かを掛けておきましょう。フックに何も掛かっていない状態で放置していると、フックにエネルギーの流れが引っ掛かり、古い感情もそこに引っ掛かったままになるので、運気の停滞を呼んでしまいます。

時計の時刻

家の中に掛けたり置いたりしている時計は、すべて同じ時刻を示しているようにしましょう。また、止まったり遅れたりしている時計を放置しないようにしましょう。

枯れた植物

枯れてしまった植物やドライフラワーなどは、「死んでいる」とみなされるので、エネルギーも停滞させてしまいます。これらは取り去ってください。また結婚式などの思い出のある花をドライフラワーにして取っておきたい場合は、部屋に飾らず、箱などに入れてしまっておきましょう。

壊れた物

家の中のどこかが壊れたままになっていたり、あるいは壊れた物を置いたりしていませんか？　壊れているということは、その場のエネルギーも壊れてしまいます。網戸が破れていた

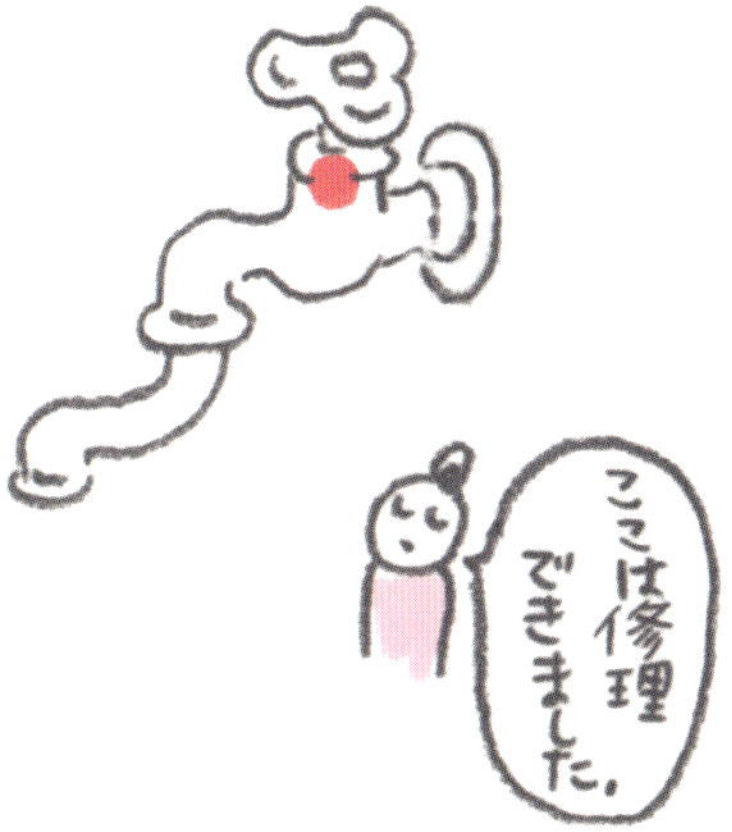

り、窓が閉まりにくかったり、ドアを開け閉めするたびに蝶番《ちょうつがい》から軋むような音が出たり、水道栓をしっかり閉めても水がポタポタと落ちる場合は、できるだけ早く修理してください。どうしてもすぐに修理できない場合は、一時的にその壊れた箇所に赤色の丸いシールや赤いビニール・テープを切り取ったものを貼って「ここは修理できました」と唱えることで、一時的に問題を解決することはできますが、壊れている箇所が危険を伴う場合などには、絶対にこの解決法は使用しないでください。また、壊れたところに赤いシールを貼ったままにせず、早めに修理をするようにしてください。

断捨離に挑戦!

積み上げられた古新聞や古雑誌はもとより、無数の置物や小物が所狭しと置かれていませんか？　または「捨てるにはもったいないかも」ということで、あまり意味のないものや、好きでもないいものを飾っていませんか？「もしかしたら使うかも」というものは、ほとんどの場合二度と使わないことが多いのです。また、洋服も何年も着ていないようなものが、タンスの中にたくさん眠っているのではないでしょうか？　ここ数年着用していないものは、思い切って捨てるか、リサイクルに出すか、あるいはきちんと整理して物置などにしまってください。また、頂いたものだから、好きではないけれど捨てられないでいる場合は、上手に利用してくれる人に譲ったり、リサイクルショップに持っていきましょう。

もし、どうしてもそんなにたくさん一度に捨てられないという場合は、いくつかのダンボール箱を用意し、「絶対にいらないもの」「もしかしたら使うかもしれないもの」「捨ててもよいかもしれないもの」と分けて入れましょう。そして「絶対にいらないもの」はすぐに処分し、「もしかしたら使うかもしれないもの」は1カ月後にもう一度見直し、「捨ててもよいかもしれないもの」はさらに1カ月後に見直して徐々に処分する、というかたちをとってみるとよいでしょう。

処分するか否かの判断の仕方として、絶対に必要ないものは簡単ですが、それ以外の場合は「もしこれを店で今見かけたら買うだろうか？」「これはいつ使えるのだろうか？」などと自問しながら分別していくと分けやすいのではないでしょうか。

また、整理整頓ということで、いらないものをとりあえずクローゼットや押入れなどにぎゅうぎゅうに詰め込むのもよくありません。外からは見えませんが、クローゼットや押入れの中のエネルギーがいっぱいになって窒息しそうになってしまいます。クローゼットや押入れの中

も整理整頓し、詰め込まずに2割程度の余裕があるようにしておきましょう。
必要なくなったものを思い切って捨てることで、部屋にスペースが生まれ、エネルギーがうまく回るようになります。あなたが多くの時間を過ごす家だからこそ、あなたが最も心地よく過ごせるようなスペース作りをしてください。

風水のポイント

風水では、風水グッズなどの「シンボル」と呼ばれる道具を使って、「気」の流れを変えて問題の解決をはかります。つまり家の中のエネルギーが急速に流れ出て生活や人生に障害をもたらすような構造の家や、エネルギーが不足している場所がある場合、改築することなく風水のシンボルを使うことで簡単に変化をもたらすことができるのです。このような問題の解決方法の例は、私の師であるクリア・イングレバート氏の著書『ハワイアン風水』（太玄社）にも数多く詳しく記述されていますので、ぜひ参考にしてみてください。

たとえばガレージの上に部屋がある場合。車の排気ガスが健康を害するのはいうまでもありませんが、車の騒音が「気」を乱すことになってしまいます。このような場合は、部屋の床に小さな鏡の光る面を下にして貼り付けることで、乱れたエネルギーを鏡が押しやってくれる効果を利用して修正します。鏡を貼った上からカーペットを敷いておくと、鏡が見えなくなるので目障りにはなりません。

また、青い屋根の家は、「青色」が風水では「水」と考えられ、水が屋根から滑り落ちることになるので、お金が貯まらずに流れ出てしまうと考えられています。この場合は、クリスタルを使ってエネルギーを分散させるという方法で修正します。家の中の高い棚などの上にクリスタルを置いたり、天井からクリスタルを吊るし、屋根のエネルギーを分散させることができます。

このようにバグア風水では、「鏡」や「クリスタル」というシンボルを使って問題を解決します。ただし、そのシンボルを問題解決のために置く場合は、ただ置くだけではなく、なぜそのシンボルを置くのかということを必ず声を出して唱えるようにしてください。そうすることで、そのシンボルはパワーを増すことになります。それぞれの問題の箇所の修正に応じて、たとえば「私は、素晴らしい結婚相手に巡り会うために、このペアのイルカの置物を置きます！」というふうに思いを込めて唱えましょう。また、シンボルの数を多く置けば、より問題が解決するというわけでもないので、できるだけシンプルに飾ることがポイントです。

風水グッズの紹介

風水には、シンボルとしてよく利用されるグッズがいくつかあります。主なものをここで紹介しておきましょう。

タッセル（糸の房）

タッセルとは、カーテンの装飾に使われている糸の房のことです。風水では赤色が新しい血を意味し、エネルギーを上げると同時に物事をよい方向に変えるシンボルとされているので、赤いタッセルがよく使われます。玄関のドアノブにかけて目立たせるために使うことが多いです。

赤い糸・テープ・リボン

風水で問題を修正するときに、簡単にできるシンボルとして用いられるのが、赤い

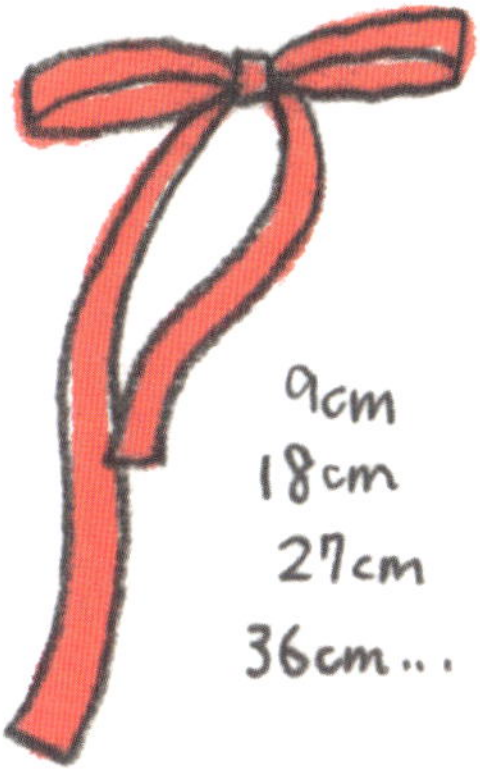

糸やテープ、リボンです。このとき、9センチ、18センチ、27センチというように9の倍数の長さを使うと、さらにパワーを増すとされています。たとえば、バスルームの排水管に巻きつけることで、お金が流れ出てゆくことを防ぐシンボルとなります。

鏡

風水では、エネルギーの流れを変えたり、問題を解決するのに、いろいろな種類の鏡をよく使用します。ときどき鏡がタイルのようになってバスルームの壁などに貼られているものや、鏡の上に模様があるものも見かけますが、鏡が映し出すあなたの姿がいくつにも切れたような状態になってしまうので、おすすめできません。

姿見を壁に設置する場合、その前に自分

が立ったときには、必ず全身あるいは上半身がきれいに映り込むようにしてください。間違っても頭が映らないということがないようにしましょう。

また、古く汚れた鏡もよくありません。鏡はあなたの姿をいつでもきれいに、切れ目なく映し出せるということが大切です。

バグア・ミラー（八卦鏡）

これは風水の特別な鏡で、負のエネルギーを押し出すだけでなく、よいエネルギーをつくり出します。バグア・ミラーは、易の八卦を鏡の周囲のフレームにあしらった、バランスの取れた鏡です。この八卦がなければ、バグア・ミラーではなく、ただの八角形の鏡です。バグア・ミラーは、３本の途切れのない線が上にくるようにします。

基本的には、バグア・ミラーは家の外側に使用するもので、家の中では使用しません。通常は家のドア（外）の上中央に取り付けます。たとえば家の前に墓場や病院など、悪い「気」を流し出すような建

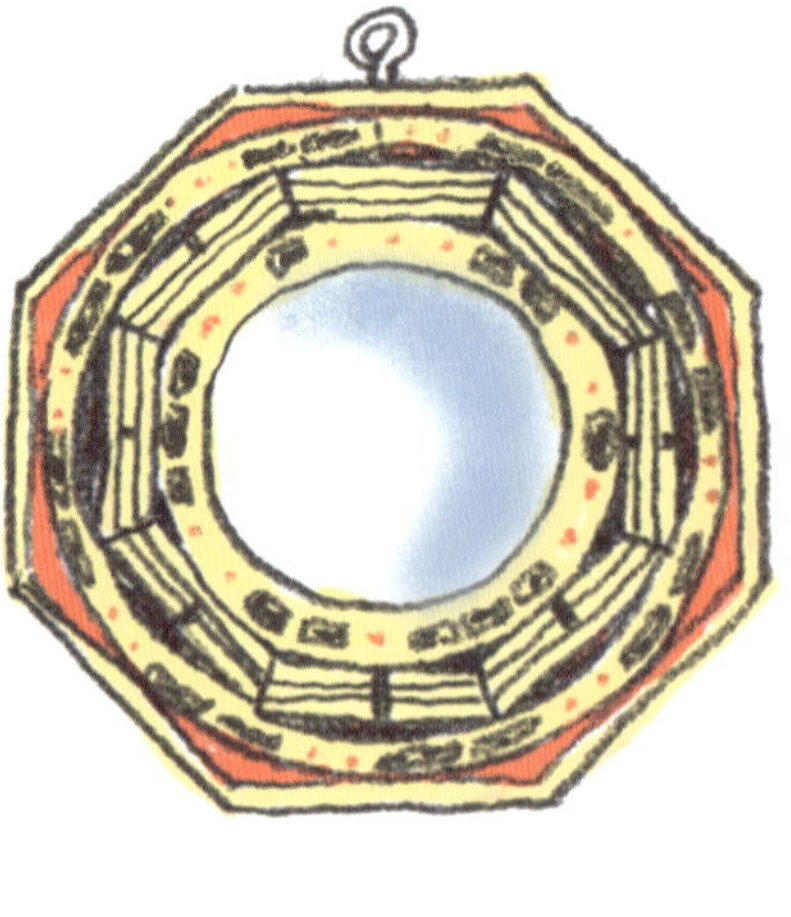

物がある場合には、このバグア・ミラーを家のドアの上に取り付けると、その悪い「気」を跳ね返してくれます。

運気をアップできるかもしれないというような考えだけで、バグア・ミラーをドアの外側の上に貼り付けるのは危険です。これは物を押しのけるわけですから、使い方を間違えるとよい「気」も押しやってしまう恐れがありますので、むやみやたらに取り付けず、よく注意して使用してください。

小さい平らの1円玉サイズの鏡

風水の問題を解決するのにとても便利なのが、クラフト・ショップなどで手に入る小さい丸い鏡です。表面が平らな鏡は、エネルギーをまっすぐに反射して押しやることができます。よって部屋の中の問題がある箇所などにこれを貼って、修正するのに用います。たとえばマンションなどで、隣や上の家の音が気になるような場合、室内の壁、あるいは天井に反射面を向けて貼り付けることで、騒音という負のエネルギーを押し返すと考えられています。

凸面鏡

道路でよく見かけるカーブミラーのことです。凸面鏡は、表面に膨らみがあり、あらゆる方向からのエネルギーを反射することができます。また、エネルギーを分散させるので、もとの場所に反射が直接戻ってくることはありません。よって、付近の建物の角など、尖った部分があなたの家を指している場合、それはあなたの家に向かって悪い「気」を流していることになるので、それを跳ね返すために使用します。

凹面鏡

これは内側にへこんだ鏡で、映ったものが拡大されるので、お化粧をするときなどに使うものです。風水では、自分の家の外側のエネルギーがよくないときに、そのエネルギーを吸い取るという意味で、この鏡を使います。たとえば自分の家よりずっと大きなマンションが隣に建っている場合に家の外に設置しておけば、家に与える影響を軽減させることができます。

クリスタル

風水では面取りをした球形のクリスタルが最もよく利用されます。これを窓際に吊るすと、光がクリスタルに当たって分散し、虹の光を生み出します。この虹の光を部屋に取り入れるだけでも、幸運が訪れるともいわれています。

クリスタルは問題のある箇所のエネルギーの流れを遅くするときに、天上から釣り糸で吊るして用います。また部屋の形が正方形や長方形といった整った形ではなく、部屋の隅などの構造の一部が欠け落ちている場合にも、クリスタルを吊るすことで、エネルギーが弱まっている部分の補強として使用できます。

もしくは面取りをしたクリスタル製の置物や花瓶、キャンドル立て、キャンディ入れなどをテーブルの上に置くのもよいでしょう。面取りをしたクリ

スタルは、「気」が外に出てしまう前に飛び散らせる働きがあります。同じクリスタルでも涙型のクリスタルは悲しみを表す不吉なシンボルとして、エネルギーを下げてしまうので、使用を避けましょう。

またときどき、アルコールなどできれいにクリスタルをぬぐって掃除するのも忘れずに。

ウィンド・チャイム

玄関とその対面の壁側との間に吊るすと効果があります。よい音のウィンド・チャイムは、勢いよく抜け出そうとするエネルギーを分散して速度を遅らせ、「気」の流れを変える効果があると同時に、よい「気」を取り入れてくれます。使用するときは、心地よい音色のものを選びましょう。ウィンド・チャイムの効能は、クリスタルとほぼ同じと考えてください。

香・アロマオイル

インセンスと呼ばれるお香や、アロマオイルなど

を使って部屋の中に香りを漂わせると、浄化作用があるほか、停滞しているエネルギーを上げて活性化することが可能です。アロマオイルはディフューザーを使って香りを拡散させるのもよし、あるいは小さいスプレー容器に入れ、部屋に撒くだけでもかなりの違いがあります。

特に古い家やアパートに引っ越す場合は、家具を入れて完全に引っ越してしまう前に、浄化力に優れている乾燥セージの葉か、サンダルウッドのインセンスで、必ず各部屋の角に煙を数分間ずつ立たせて、滞ったエネルギーや古いエネルギーを浄化してください。

またオフィスやお店などでインセンスが炊けない場合は、無水アルコールにミントオイルを入れて薄めたものをスプレー容器に入れ、エネルギーの流れの滞った場所や、気分を変えたいときにスプレーすると、除霊・浄化の効果があります。

キャンドル

キャンドルを灯すと、その場所の停滞したエネルギーを浄化してくれます。またキャンドルに香りがあればなおよく、キャンドルの色をバグア・チャートにあてはめて使用してみるのもよいでしょう。なんとなく薄気味悪いと感じるときには、キャンドルを燃やすことで除霊の効果がありま す。ただ、カーテンなど燃えやすいものが近くにある場合は、その場所での使用を避け、火の始末に十分に気をつけて使ってください。

また、キャンドルを燃やすだけでも浄化効果はありますが、キャンドルそのものの色によっても別効果を期待することができます。

白：浄化

オレンジ：急激な変化を呼び込みたいとき、幸運を呼び込みたいとき

ピンク：恋愛運を呼び込みたいとき

ブルー：心を落ち着けて瞑想したいとき
赤：パワーアップしたいとき
紫：法的な悩みがあるとき、霊的な才能を伸ばしたいとき
緑：金運アップ、ヒーリング、成功
黄：創造力アップ、魅力アップ
茶：バランスを取りたいとき
黒：ネガティブなエネルギーの除去

卓上噴水

金運コーナーや家の入口などによく使われるのが、卓上噴水です。卓上噴水といっても、いろいろなデザインのものがありますが、風水で使用して好ましいとされているのは、水が上から下へとまっすぐに流れ落ちるものです。水が下から上に向かって実際の噴水のように湧き出るものや、噴水の中でボールが回っているものなどは、あまりおすすめではありません。

一方向に向かって流れている噴水の場合は、水が流れる方向が部屋の真ん中を向いていなくてはなりません。富が家の中にいる人に向かって流れるようにすることが大切です。四方に流れる噴水は、水が流れている限りはどちらの方向に置いても構いません。コンロや電子レンジの横に噴水を置くのは、火と水の相対する関係で、もめごとが起こりやすいとされています。また照明付きの卓上噴水は風水のエレメント上、「火」である照明が「水」の下にあること自体が不自然なので、おすすめできません。

噴水を使用するときは、少なくとも毎日最低13時間（半日以上）はつけっぱなしにしてください。止まっていると、「枯れ果てた」ものと捉えられて運気が下がってしまいます。

造花

風水では枯れた植物やドライフラワーは「死」を意味するとして使用を避けます。生きた植物を置くのが最善ではありますが、造花は使っても構いません。たとえば、バグア・チャートの「結婚・恋愛」のコーナー（バグア・チャートの見方については第

2章を参照）によく用いられるのは、「牡丹」や「バラ」の花。しかし毎日新しいものを置いておくのも大変なので、そのような場合は造花を飾っても構いません。ただしホコリが溜まったりしないように気をつけましょう。

または、部屋の中の出っ張った梁や柱を隠すために、背の高めの観葉植物を使うこともありますが、これも造花を用いることができます。

植物

生きた植物は、風水では「エネルギーを活性化」し、そのエリアに「生」を与えてくれます。よって、枯れた植物や、しおれたものなどは置かないようにしましょう。風水ではよく、手間のかからないレディ・パームなどの観葉植物が用いられます。サンセベリアは先が尖ってはいますが、まっすぐに上に伸びるので、エネルギーを押し上げるとされ、部屋の中（「名誉・評判」のエリアやトイレの中）に飾っても構いません。また、蘭の花もその場を明るくしてくれるので、おすすめです。

人気のあるミリオン・バンブーを飾るときは、風水では偶数は陰の「気」とされているので、陽の「気」をもたらす奇数の本数で飾ると幸運を運ぶといわれています。これは奇数が動的で不安定であることに対し、偶数は静的で安定しているという考えに基づいています。奇数が動的で不安定ということは、これからまだ変化を遂げられるということを意味し、発展へとつながると解釈するからです。これらのほかに、風水でよく用いられる植物は、観音竹、ドラセナ、アイビー、スパティフィラムなどです。

使い方としては梁などの壁の出っ張った部分を覆い隠すときに用いたり、エネルギーが一気に逃げてしまいそうな長い廊下の壁際にいくつか並べて、エネルギーの流れを穏やかにしたり、部屋の隅においてエネルギーの流れが停滞するのを防いだりします。

絵・アート

風水で用いたいアート、絵は、高価なものであればそれに越したことはありませんが、自分で撮影した写真や絵葉書、複写の絵などでも構いません。ただし絵や写真を飾るときは、古くなって色あせたり、変色しているものは、部屋のエネルギーを下げるので使わないでください。

まっすぐに伸びる竹、木、あるいはヤシの木を描いた絵や写真はよく見かけますが、木が1

本だけ描かれているものは、「孤独」を意味してしまいます。独身の方のお宅には、なぜかこういう「孤独」を意味するものが多く置かれているのが特徴です。こういった木の絵や写真を用いるときは、できるだけ林になっているようなものか、数本の木が固まって生えているものを使用することをおすすめします。

人間や人形の絵や写真を使う場合は、グループになっているようなものを用いてください。これも木と同じく、ひとりは「孤独」の象徴となります。これらの絵は周囲に、あなたが孤独で独身でいたいというメッセージを発していることになってしまいます。特に結婚したいと思う人は、できるだけ孤独なイメージを排除してください。

第2章

バグア・チャート

バグア・チャートとは

バグアとは「八角」という意味で、通常バグア・チャートの形を見ると八角形になっています。このチャートは中国古代の思想である「陰陽」の要素（自然や宇宙はすべて陰と陽というふたつのカテゴリーに分けられるという思想）と道教の思想である「タオイズム」（大自然の摂理に基づき、自然に生きることで真実につながるとみなす思想）の五行（ファイブ・エレメント）の要素を持ち、タオイズムの数霊術や占星術にも基づいた優れたチャートなのです。この五行の要素がバグア・チャートにおいて重要な役割を果たしています。

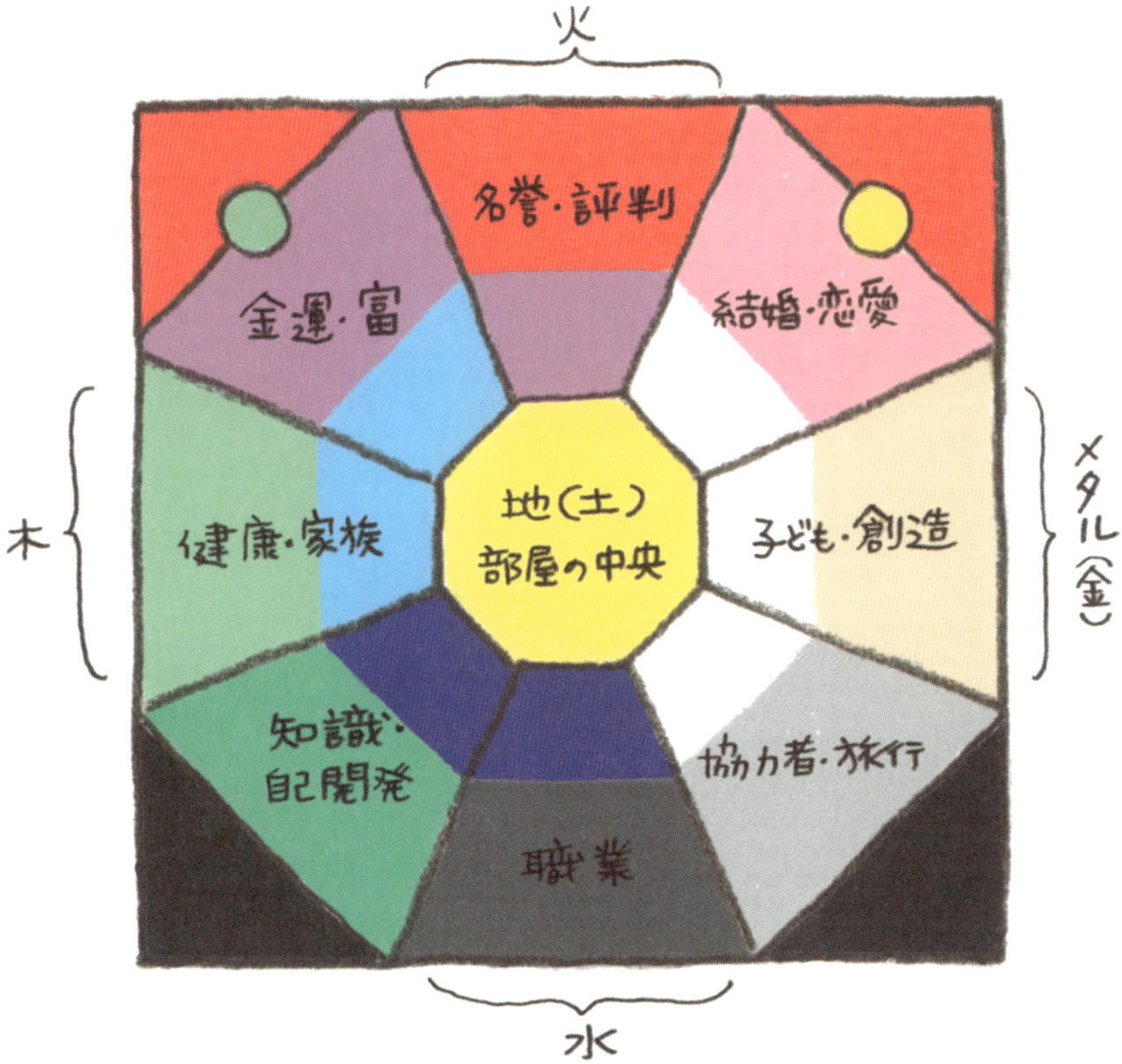
火
名誉・評判
金運・富
結婚・恋愛
木
健康・家族
地(土)
部屋の中央
子ども・創造
メタル(金)
知識・自己開発
職業
協力者・旅行
水

五行（ファイブ・エレメント）について

チャートにある5つのエレメント（要素）とは、自然界に存在する5つの要素で、「陰陽五行」の五行にあたります。それは、「木・火・土・金・水」で構成され、循環、相互作用でお互いを高める関係にあります。たとえば木は火を生むことができ、火は燃えた灰から土を生み、土は金属を作り出し、金属は水を生み、水は木を育てるといった具合です。また向かい合っているもの同士も、お互いに関係性があります。自然界のバランスの取れたエレメントが実は、この風水の基本となっています。よって、これらの要素をバグア・チャートにあてはめていきます。逆に「火」はその熱で「金」を溶かし、「金」は「木」を切るナイフのような働きをし、「木」は「土」に生育して「土」の栄養を吸い上げてしまい、「土」は溶けると「水」を汚し、「水」は「火」を消すというように、逆の作用もあります。そのため、それぞれのコーナーやエリアが持つエレメントを打ち消さないものを使用して飾ることを覚えておきましょう。

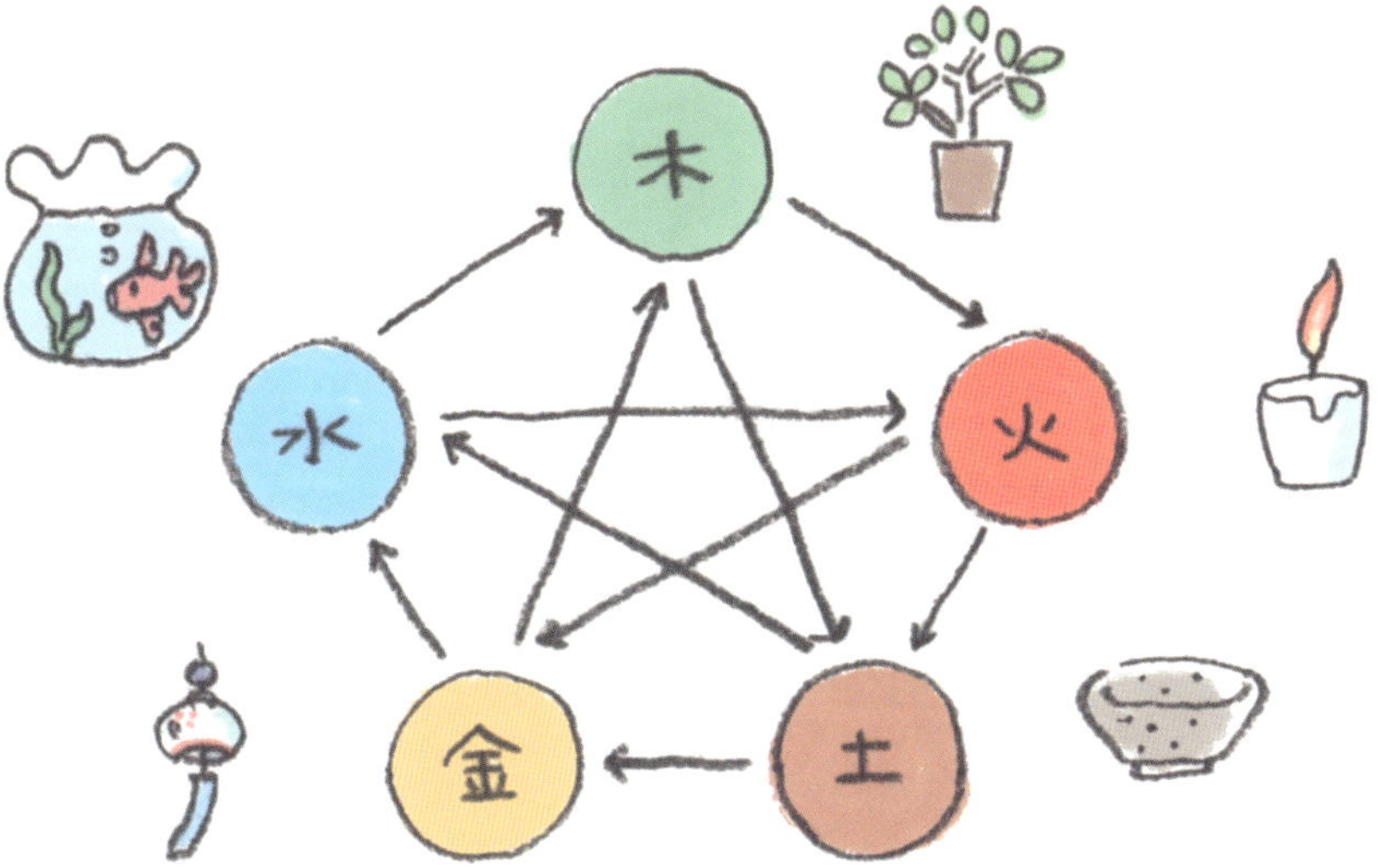

それぞれのエレメント

木：植物に由来するもの——木、竹、布などの素材、鉢植え、植物。形としては長方形、四角形、円錐形。

火：火に関するもの——太陽、鏡、キャンドルなど。形としては三角形、尖ったもの、上昇してゆくもの、ピラミッド型。

土：地面に関するもの——大理石などの石、粘土、瀬戸物など。形としては八角形、四角形、球体。

金：金属、金、銀、風鈴など。形としては球形、半円、楕円、丸。

水：水に関するもの——水槽、ガラス製品など。形としては自由な形、不規則なもの、波型。

バグア・チャートの見方

本来のバグア・チャートは八角形ですが、部屋の形によっては八角形よりも四角形を用いたほうがわかりやすい場合もあるので、八角のものを四角にアレンジして用いる風水師も多くみられます。ここでは、ハワイの風水師、クリア・イングレバート氏の使用しているバグア・チャートが八角と四角の要素を上手に取り入れたものなので、彼の著書『ハワイアン風水』（太玄社）で使用しているものを用いることにします。

９つの部屋に分かれたチャートの各エリアには、それぞれ違ったエネルギーが流れています。各部屋の隅と中心部にあるのが「エネルギー・ポイント」と呼ばれる、運気を司るコーナーとなっています。このチャートが、アメリカやヨーロッパを中心に現在、最もよく用いられているものです。

使い方は簡単です！　居住空間にこのチャートを合わせて、それぞれのコーナーとその間にあるエリアを、チャートにある色を使って飾ることで、運気をアップさせることができます。また、それぞれのコーナーやエリアに合ったラッキーグッズを飾ることで、運気をさらにアップできます。

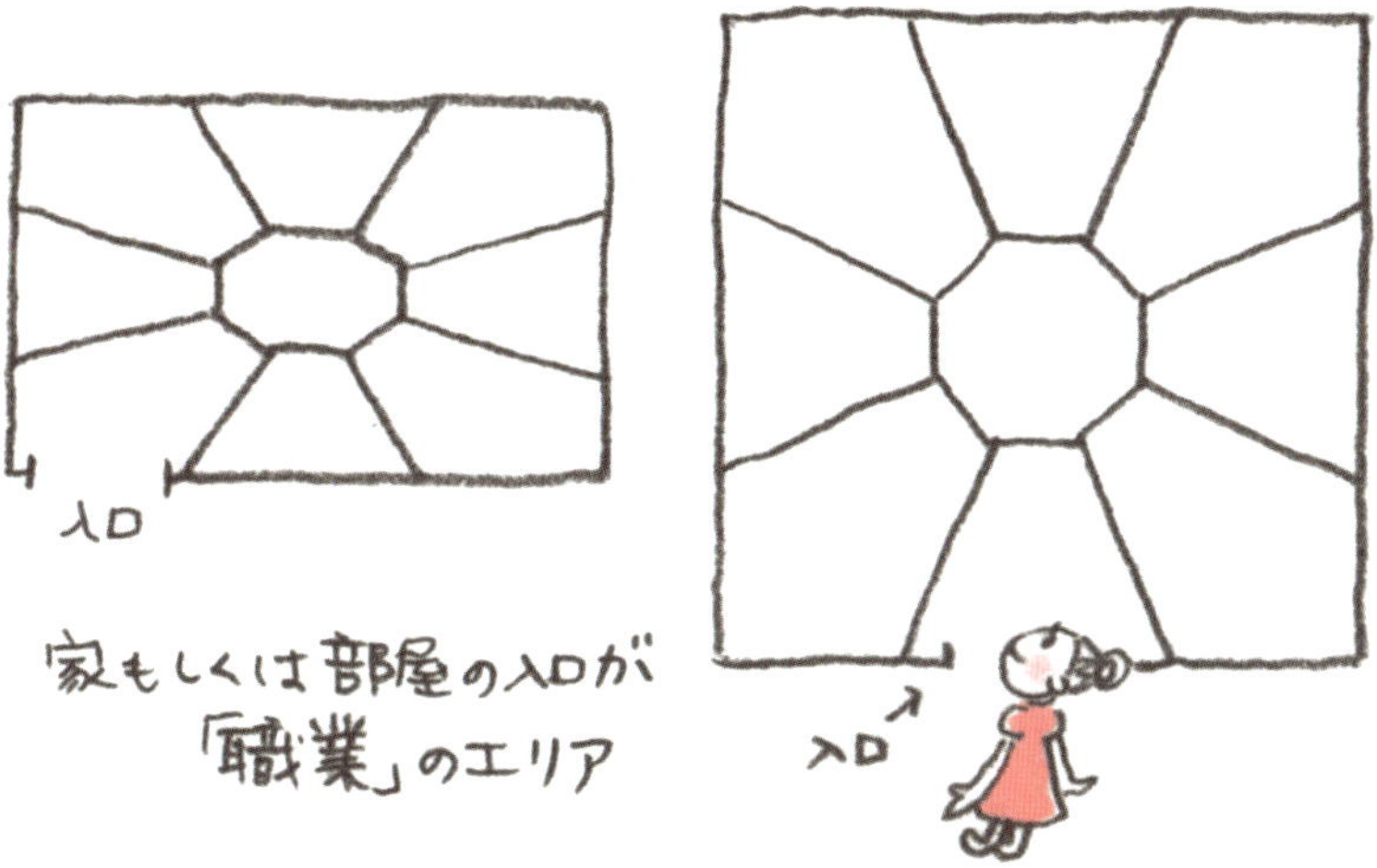

チャートの見方は、ご自分の家の入口がちょうど「職業」のエリアにあたるようにして、そこを基準に、それぞれのコーナーを部屋に振り分けてみてください。たとえば家全体において、玄関を入ったところが「職業」のエリア、入ってすぐ右にトイレがあればそこが「協力者・旅行」のコーナー、という具合です。もしくは部屋ごとにもできます。各部屋の入り口を「職業」と見立て、その部屋の中にバグア・チャートを割り当てて考えてみてください。

しかしどこの家でも入口がちょうど建物の中央にあるとは限りません。上の図のような構造の場合でも、バグア・チャートをタテヨコに伸ばしたり縮めたりしてあてはめても構いません。また、通常の正面入口を何らかの理由で使わず、裏口などから出

各コーナーが欠け落ちている例

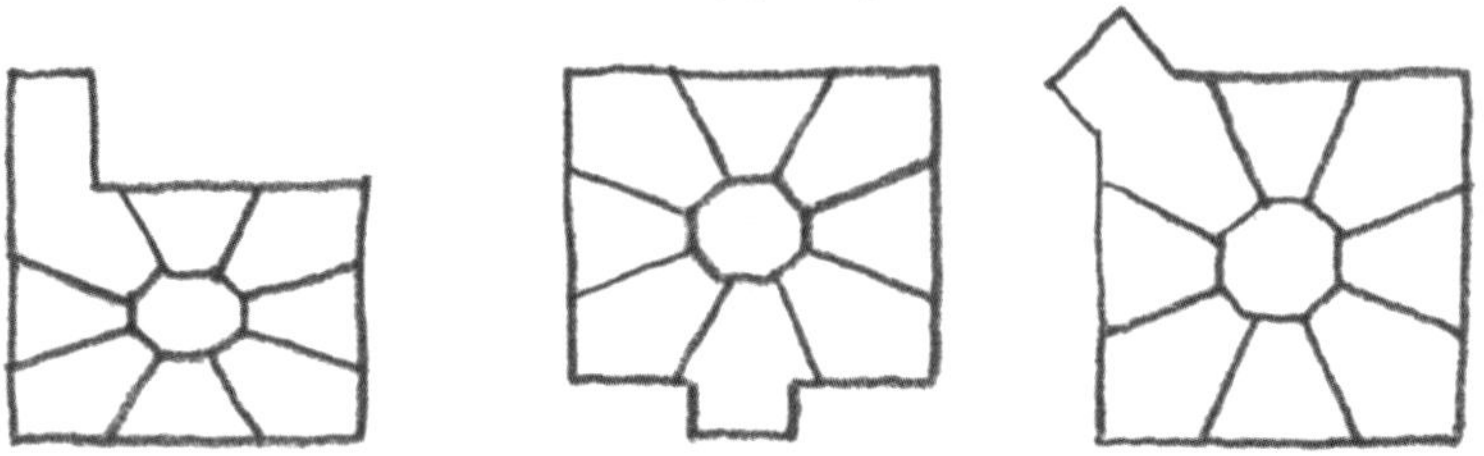

各コーナーが張り出している例

入りする場合は、いつも使っている入口を基準に考えてください。

入口のみならず、家の形はさまざまなので、バグア・チャートが必ずどの家にもピッタリとあてはまるということにはなりません。チャートをあてはめたときに、はみ出す箇所があったり、あるいは足らない場所が出てくるかもしれません。基本的には、欠けている場所があると問題が生じるので、その場所を風水グッズなどで補い、問題の修正をおこないます。張り出しがある場合は、その場所によってエネルギーが弱まるなら修正しますが、張り出すことによってパワーアップとなり幸運をもたらす場合がほとんどです。ベランダや出窓も、張り出しとみなします。詳細については各コーナーの章で解説していきます。

第3章

バグア・チャートのそれぞれのコーナーとエリアの解説

バグア・チャートにおけるそれぞれのコーナーやエリアのエレメント、運気を呼ぶ色、ラッキーグッズなどは次の通りです。

金運・富のコーナー

入口のドアを入って左奥のコーナーが「金運・富」のコーナーとなります。このコーナーには財産、富、繁栄のエネルギーが流れているとされています。

よって、間違ってもこのコーナーにゴミ箱が置かれていたり、枯れたものや壊れたもの、新聞、雑誌が積み上げられていることのないようにしてください。このコーナーにはアクセスしやすいようにしておくことがポイントです。

エレメントは「木」なので、元気な木でお金のような形をした丸く厚みのある葉を持った植物を飾るとよいでしょう。

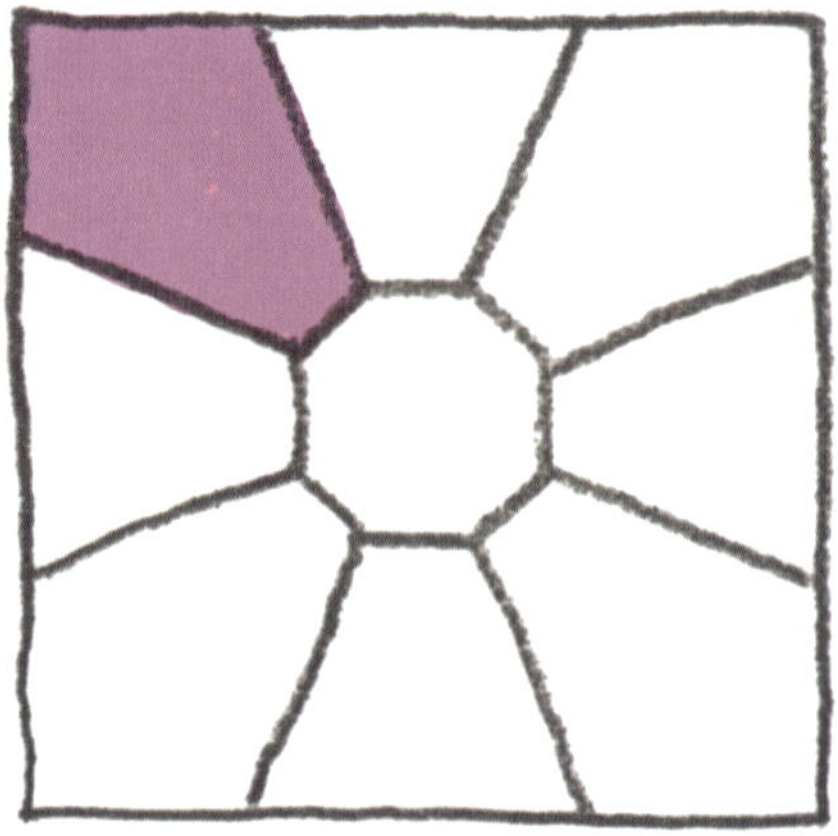

あるいは「風」の要素も備えたコーナーなので、ウィンド・チャイム、モビールなど風で動くものを飾っても効果的です。また、高価な置物を置くと高額を呼んでくるとされています。骨董品や宝石、金貨などを置いておくとよいでしょう。

あるいは、生きた金魚が入っている金魚鉢や、卓上噴水を置くのも効果があるとされていますが、噴水の場合は24時間、回し続けることで効果があります。水が枯れてしまったり、ずっと止まったものを飾っておくのはお金の出入りも停滞することを意味するので、逆効果です。

もしこのコーナーに窓がある場合は、窓から金運が抜け出してしまうので、窓のカーテンを閉めるか、窓際にクリスタルを吊るしておくとよいでしょう。

「金運・富」のコーナーがバスルームの場合

もしこのコーナーにバスルームがある場合は、金運が流れ出てしまうので、アンラッキーと考えられます。

解決法の例

バスルームをいつも清潔に保つことはもちろん、明るく、そしていろいろな物を置きすぎないことです。水の要素がある飾り物（貝殻の石鹸置きや、熱帯魚の模様があるシャワー・カーテン、バスマットなど）は避けてください。そしてバスタオルをこのコーナーのラッキー・カラーの色で揃え、生きた観葉植物などを飾ることで、問題は解決します。

「金運・富」のコーナーが欠けている場合

「金運・富」のコーナーが欠け落ちていると、財運が回らなくなり経済的に苦しい立場に立たされることが多くなります。

解決法の例

このコーナーに肉厚で丸い葉を持つ植物をいくつも植えたり、鉢植えを置いたりします。この場所にあたるところに物置小屋などがある場合は、取り除いて植木や植物を植えて、コーナーの形を修復してください。どうしても取り除けない場合は、小屋の中をきっちりと整理整頓してください。部屋の中にも棚を置いて、金運アップにつながる小物を飾ることをおすすめします。

また、この場所に柱があるためにスペースが欠けている場合は、その場所に背が高く葉の丸い観葉植物を置いて柱を隠します。梁《はり》が室内に張り出していて、スペースがその分欠けている場合は、その梁の壁に奥行のある風景で豊かさを感じさせるような絵画や写真を飾りましょう。奥行のあるものを飾ることで、その梁の存在を打ち消すような効果があります。

「金運・富」のコーナーが張り出している場合

金運・富に関していえば、コーナーが張り出しているときは問題とはみなされず、逆にお金の流れがよくなり、繁栄すると考えられています。

「金運・富」のコーナーの基本

エレメント	木
カラー	青 赤 緑 深みのある紫
形	長方形 四角形
植物	金のなる木 ブッドレア ミリオン・バンブー パープル・バベーナ ブルー・ジンジャー 竹
ラッキー・アイテム	生きた金魚が入った金魚鉢 熱帯魚が入った水槽 卓上噴水 生い茂った植物の写真や絵 まっすぐに流れ落ちる滝の写真や絵 高価な飾り物 金貨 ウィンド・チャイム モビール 高価な置物
このコーナーでやってはいけないこと	汚れ 散らかり 壊れた物を置く ゴミ箱を置く 枯れた植木を置く 請求書を置く 出勤簿を置く 物置小屋を設置する 暖炉や暖房器具を置く トイレを設置する

名誉・評判のエリア

入口のドアから見ると一番奥、正面にあたる位置です。名誉、評判、地位などに関係するエネルギーが流れている場所です。このエリアに流れるエネルギーをよくすると、自分の能力が伸びたり、出世できたり、芸能関係では人気が出たり、スポーツ界でも活躍できるということに関係してきます。

この位置に大きな家具を置くと、エネルギーの循環が悪くなるのでよくありません。大きな家具は、できるだけほかの位置（「知識・自己開発」のコーナー）に置きましょう。もしソファなどを置いている場合は、ソファの下に見えないように、フェルトなどで小さい赤い三角形を作って置いておくのもおすすめです。

ストーブなどの暖房器具を置くには、このエリアが最適ですが、暖炉など大きすぎるものである場合は、クリスタルや鏡を使ってそのパワーをやや小さくするための修正をします。

このエリアのラッキー・カラーは赤と紫ですが、強い色のためカーテンなど大きな面積を占めるものをその色にすると、逆に重くなってしまうので、赤や紫の小物やアイテムを上手に

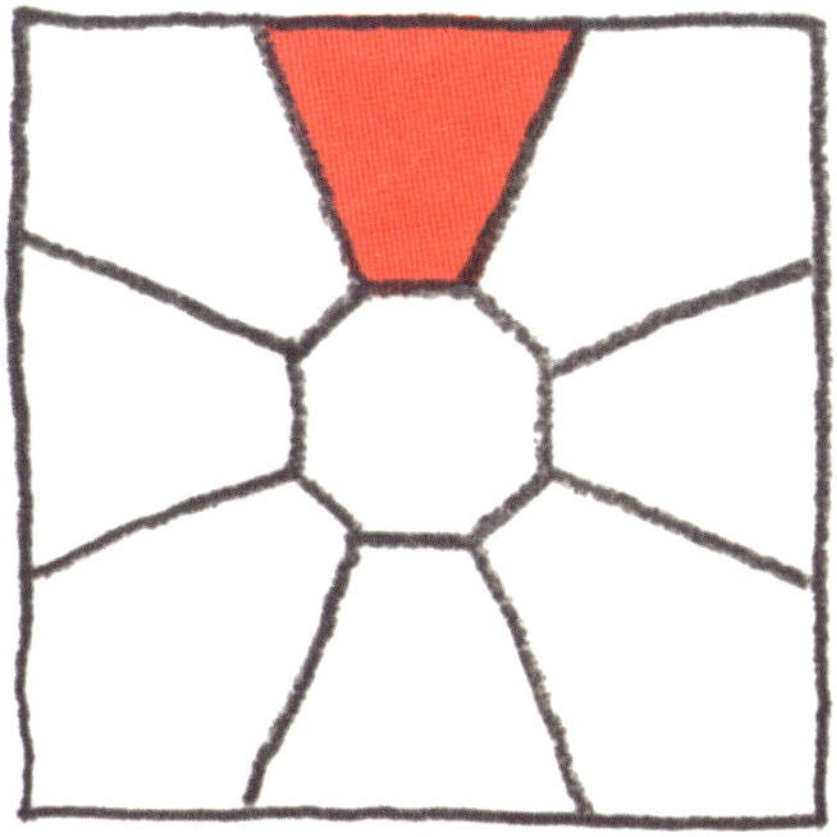

使ってみるとよいでしょう。

「名誉・評判」のエリアが欠けている場合

このエリアが欠け落ちていると、出世できない、経済的に困る、不名誉なことが起こるなどという問題が生じやすくなります。

解決法の例

このエリアに棚を置いて、メダルや盾を置いたり、赤い色の置物、植物を飾ってエネルギーを押し上げましょう。

「名誉・評判」のエリアが張り出している場合

「名誉・評判」のエリアが張り出している場合は、知名度が上がったり、人気が出たりとプラスに作用します。

「名誉・評判」のエリアの基本	
エレメント	火
カラー	赤 紫
形	三角形 尖ったもの 上昇していくもの 鏡 太陽の形をしたもの ピラミッド形
植物	ヘリコニア ブーゲンビリア クラウン・パープル・バタフライ レッドペンタス
ラッキー・アイテム	火に関係のある物 赤色の物 賞状 学位 トロフィー 盾 メダル キャンドル 彫刻 ピラミッド型の物 動物を象徴する物、動物で作られた物 （毛皮、骨、羽根、皮など） 暖炉や暖房器具 蝶々の置物 プラスチック製品
このコーナーでやってはいけないこと	水に関するものを置く 鏡を置く 重い家具や物を置く 暗くする 散らかり

結婚・恋愛のコーナー

入口から見て右手奥にあたる場所です。人間関係や特に恋愛関係に関するコーナーです。恋愛や結婚相手が欲しい場合や、パートナーと何らかの問題がある場合、あるいは家族関係をよくしたい場合は、この場所に注目してください。このコーナーが正しく扱われていないと、なかなか結婚ができなかったり、相手にも恵まれなかったり、家庭生活が落ち着かなかったり、女性の場合は病気がちになる場合もあります。

「結婚・恋愛」のコーナーが欠けている場合

このコーナーのエネルギーが弱まり、夫婦やカップルの関係がうまくいかなかったり、女性に問題が生じやすくなります。

解決法の例

部屋の右奥が欠けてしまっている場合、欠けた場所に庭があれば土があります。「結婚・恋愛」のコーナーのエレメントである「土」がそこにあるので、その場所を利用し、ピンク系の花を多めに植えるとよいでしょう。またその場所がベランダであれば、ピンクの花の鉢植えをいくつか置きましょう。葉の尖ったものやトゲのあるものは悪い「気」を生むので使うのを避け、葉の丸いものを選ぶようにしましょう。そして枯れた植物をそのままにしておくのも禁物です。もし欠けた場所が庭やベランダで、そこに物置小屋などがある場合はほかの場所に移すようにしてください。

また、その場所が欠け落ちたように感じにくくするために、部屋の中の壁には奥行を感じさせる風景の絵画や写真を貼ることも忘れずにおこないましょう。

もしこの部分が梁となっていて欠け落ちている場合は、背の高い観葉植物を置いてそれを隠すようにするか、あるいはそのあたりにペアの小物（ペアの鴨の置物がベストです）を飾るとよいでしょう。

「結婚・恋愛」のコーナーが張り出している場合

この場合は、人間関係や恋愛関係のエネルギーがたっぷりと流れて、よい影響をもたらすことも多いのですが、女性が強くなりすぎて男性が弱くなる作用もあるので、張り出しがある場合はこのコーナーを強調する物を多く置きすぎないほうがよいでしょう。

「恋愛・結婚」のコーナーの基本	
エレメント	土
カラー	赤 ピンク 白 黄色
形	八角形 四角形 長方形
植物	ピンクの牡丹 シダの葉 ピンクのプルメリア マンデビラダスティ・ローズなどピンク系の花 甘い香りのする花
ラッキー・アイテム	鴨などの鳥やイルカなどのペアの置物 愛する人と一緒に写った写真 憧れの人の写真 ステレオ 鏡 キャンドル 土でできた物 編んだバスケット
このコーナーで やってはいけないこと	単体の物 テレビ サボテン 壊れた物やストライプの入った物を置く ゴミ箱や汚れた物 ゲーム機 物置小屋を置く

子ども・創造のエリア

入口から見て右側真ん中あたりに位置するのがこのエリア。創造性や芸術性、子どもにも関係するエネルギーのある場所です。美術や音楽、デザイン関係などの仕事に携わる人は大事にしたいエリアです。また子どもが欲しいという人も、このエリアのパワーアップを試みるとよいでしょう。

「子ども・創造」のエリアが欠けている場合

芸術に関係するような仕事をしている人の場合は、仕事がうまくいかなかったり、伸び悩むことがあります。また子どもに何らかの問題が生じることもあります。

解決法の例

部屋の欠けている部分の外側にベランダや庭があるのであれば、そこに薄い黄色の丸みのある花やブーゲンビリアを植えたり、薄い色の花の寄せ植えを陶器の鉢に入れて置くとよいでしょう。梁や柱があってエリアの形が欠け落ちている場合は、この部分を覆うように観葉植物

を置いたり、あるいは遠い景色の絵や写真で湖が描かれているものを飾って、その梁や柱が存在しないように扱うとよいでしょう。

「子ども・創造」のエリアが張り出している場合

福を呼び込む作用があり、仕事や人間関係もうまくいくようになります。また子宝に恵まれたり、子どもの成長にもプラスに作用します。

「子ども・創造」のエリアの基本	
エレメント	金
カラー	白 パステルカラー
形	丸 円 アーチ形
植物	エルダービーン ブーゲンビリア 白いフヨウ 白あるいは淡い色で丸みのある花
ラッキー・アイテム	子どもと創造性に関する物 丸くメタル製のポット 子どもの写真 ウィンド・チャイム 湖の絵や写真 カメラやカメラ機材 画材 陶器 子どもが作ったクラフト
このコーナーでやってはいけないこと	散らかり 居心地の悪さ 殺風景

協力者・旅行のコーナー

入口を入って右側付近。人生において、人と人との大切なつながりやサポートに関係するコーナー。自分が尊敬する人の写真や絵、あるいは行ってみたい場所の写真を貼って、このコーナーのエネルギーを上げるようにします。

「協力者・旅行」のコーナーが欠け落ちている場合

この場合は困ったときに、助けてくれる人が出てこなかったり、力になってくれる人がいないという意味では出世にも影響します。

解決法の例

部屋の欠け落ちた場所にクリスタルを置いてエネルギーをアップさせたり、ラッキー・アイテムを飾ってエネルギーをアップさせましょう。

「協力者・旅行」のコーナーが張り出している場合

このコーナーに張り出しがある場合は、多くの援助者に恵まれたり、旅行に出かけるチャンスが多く巡ってきます。

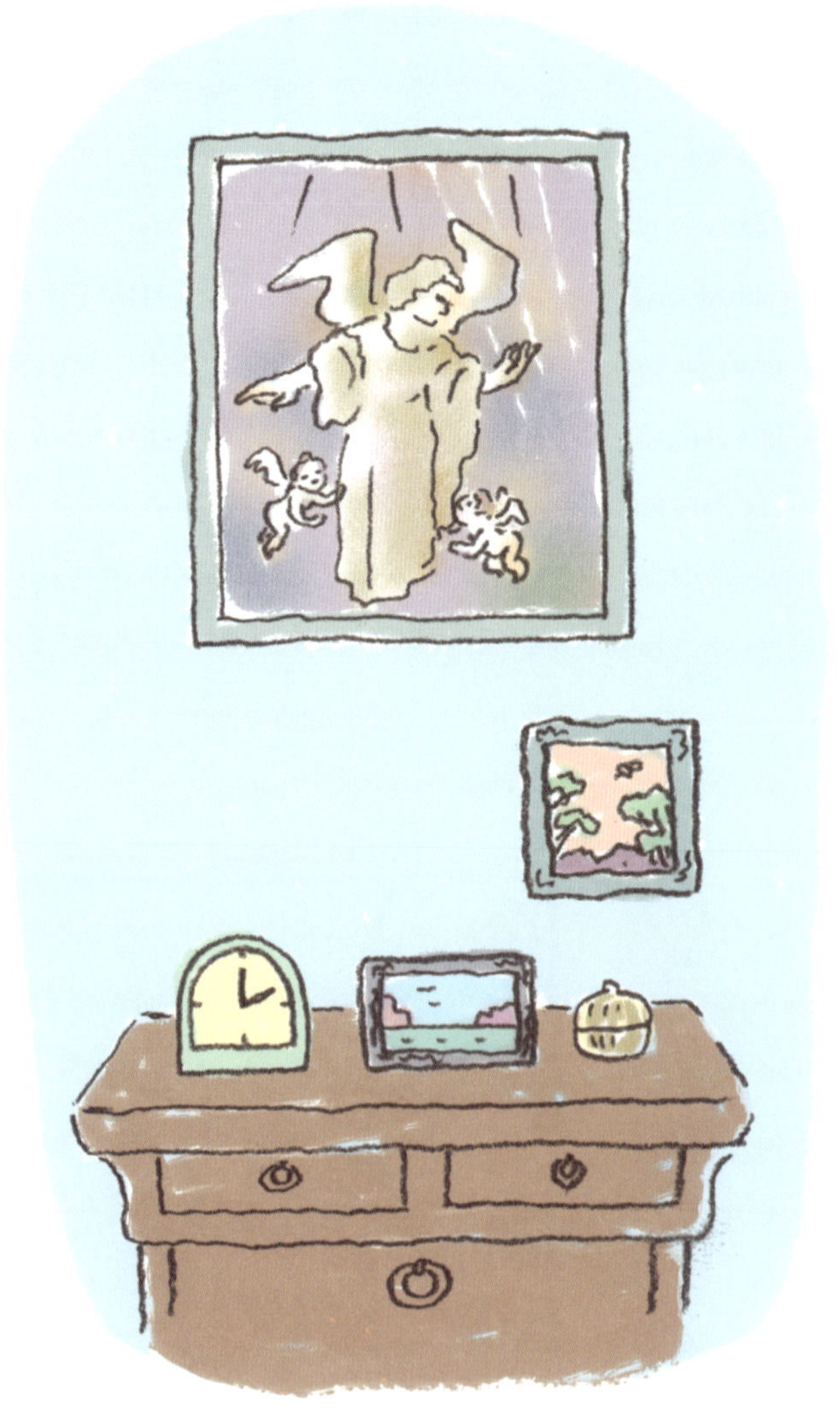

「協力者・旅行」のコーナーの基本

エレメント	金
カラー	グレー シルバー
形	丸 円 アーチ形
植物	黒い色のプラント スズラン ハス
ラッキー・アイテム	特別な場所の絵や写真 天使や仏像などの聖人の写真や絵 電話帳 時計 アドレスブック スピリチュアルな教えの言葉 尊敬する人の絵や写真 外国土産 メタル製品クリスタル 宝石
このコーナーでやってはいけないこと	散らかり バスルームやトイレを設置する

職業のエリア

入口のエリアは職業と人生を象徴する場所。エレメントが水なので、水に関係のある絵やアイテムを飾ってエネルギーを活性化させます。また玄関でもあるので、常に整理整頓し、清潔に保っておくことを忘れずに。また壊れた箇所があれば、風水ではそれは人生が破綻することを意味するので、すぐに修理しましょう。よい香りのするお香やアロマオイルを活用したり、自分の目標を書いた紙をこのエリアに貼ったり、目標となる人の写真を飾っておいてもよいでしょう。

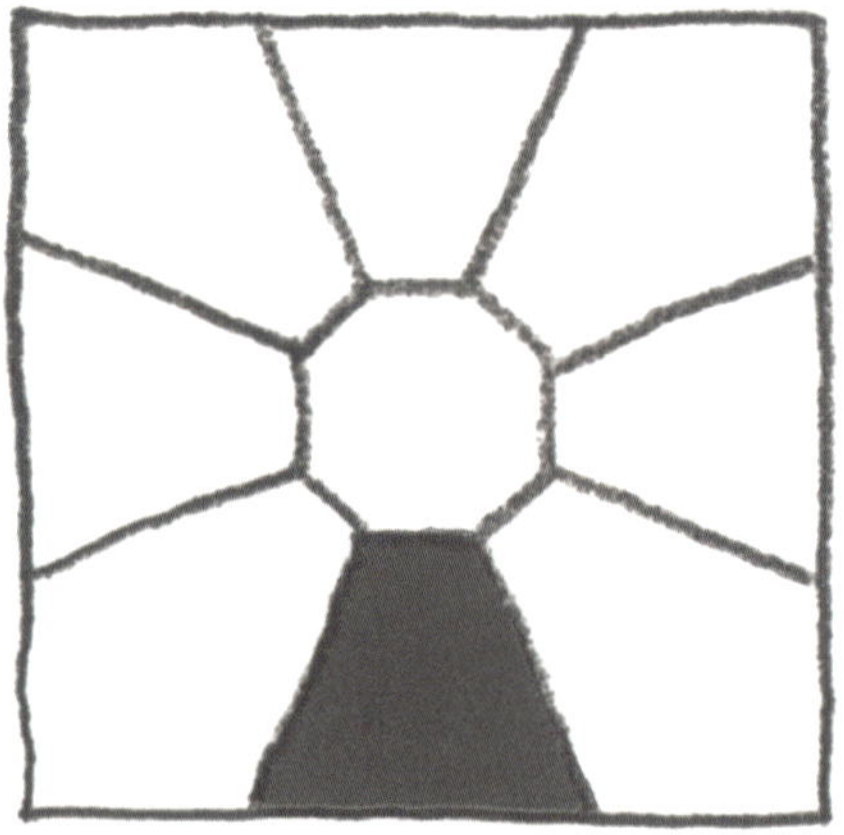

「職業」のエリアが欠け落ちている場合

この部分が欠け落ちていると、人生がスムーズにいかないと感じたり、目標が持てなかったり、夢の実現が難しいと感じたりします。

解決法の例

部屋の欠けている部分に卓上噴水の大きめのものを設置したり、あるいは玄関マットを敷いてみてもよいでしょう。

「職業」のエリアの基本

エレメント	水
カラー	黒 深い青色
形	自由な形
植物	トゲのないサボテン サトイモ系植物 自由な形をした葉の植物
ラッキー・アイテム	ガラス 鏡 クリスタル 噴水 流れる水 水槽 金魚鉢 水に関する写真や絵 目標とする人の絵や写真 キャリアに関する物 資格証
このコーナーでやってはいけないこと	靴などの散らかり 荷物を置きっぱなしにしている ベルやドアノブを壊れたままにしている

知識・自己開発のコーナー

入口を入って左側付近。このあたりに書斎、瞑想ルーム、ベッドルームがあるとよいとされています。また、学生や学問に関する仕事やマスコミ、情報関係の仕事をしている人は、特にこのエリアに注目してください。パソコンや本棚を置くのにも適した場所です。

「知識・自己開発」のコーナーが欠け落ちている場合

このコーナーが欠け落ちていると、学業成績が落ちたり、学ぶ意欲が失せたりします。また妊娠しにくくなるともいわれています。

解決法の例

このコーナーに照明を当てて明るくし、音楽を流したり、天井からモビールを吊るしてエネルギーを回すようにするとよいでしょう。

「知識・自己開発」のコーナーが張り出している場合

このコーナーが張り出している場合は、学習意欲が湧いたり、学習に対して積極的になれます。

「知識・自己開発」のコーナーの基本	
エレメント	土
カラー	黒 緑 青
形	八角形 四角形 長方形
植物	ブルー・ジンジャー 観葉植物
ラッキー・アイテム	本 学習に関する物 テレビやコンピューター ラジオ スピリチュアルな師や聖人の絵や写真 山の絵や写真 本棚 食器棚などの大きな家具 テラコッタなどの陶器製の物
このコーナーでやってはいけないこと	水に関する物を置く

健康・家族のエリア

入口を入って左中央あたりの位置。文字通り家族や健康に関わるエリアです。このエリアに家具や多くの物が置かれていると、家族間がしっくりいかなかったり、健康を害したりしがちです。常によいエネルギーが流れるように心がけ、生花を置くようにしましょう。まっすぐ上に伸びた、たくさんの竹の絵や写真をこのエリアに飾ると、健康運がアップします。家族がゆったりとくつろげるスペースを作り上げることでこのエリアのエネルギーの流れをよくします。

「健康・家族」のエリアに欠け落ちがある場合

このエリアに欠け落ちがあると、家族の健康や家族の人間関係に問題が生じやすくなります。

解決法の例

部屋の欠け落ちたあたりにキャビネットなどを置き、その上に生花を飾るとよいでしょう。

「健康・家族」のエリアが張り出している場合

健康や家族との人間関係に恵まれます。

「健康・家族」のエリアの基本

エレメント	木
カラー	緑 青
形	四角形 長方形
植物	木 竹 まっすぐに伸びるもの
ラッキー・アイテム	木でできた物か布でできた物 植物もしくは植物に関する置物、写真や絵 家族や健康に関する置物 家族の写真 テレビ ステレオ
このコーナーでやってはいけないこと	枯れた植物を置く 壊れた物を置く 大きな物がスペースを塞いでいる 暖炉などの暖房器具を置く

部屋の中央

家の中心にあたる場所。この場所は、できるだけ物を置かずにエネルギーの通りがよいようにしておきましょう。大きなテーブルなどが陣取っていると、エネルギーが回らなくなり、健康に害が出たり、人生に重荷を背負いこんだりしがちです。

「部屋の中央」に欠け落ちがある場合

「部屋の中央」が欠け落ちていることは、多くないと思います。しかし、中庭を作っている場合、庭の大きさがそのエリア全体の1／3以上を占めていると、悩み事が多くなったり、不安定な人生となる場合があります。

解決法の例

この部分を部屋の一部として考えられるよう、庭木や草花の手入れをよくすることです。あるいは黄色い色の鉢植えをたくさん置いておきましょう。

「部屋の中央」の基本	
エレメント	土
カラー	黄色 アースカラー（ブラウン、ゴールド、オレンジ） クリーム色
形	八角形 四角形 長方形
植物	黄色い花を咲かせる植物 ヒマワリ
ラッキー・アイテム	陶器 生花 常緑樹
このコーナーでやってはいけないこと	水に関する物を置く バスルームやトイレを設置する

第4章

家の立地、構造と風水の関係

代々住んでいる家や、社宅、寮など、自分で自由に居住場所を選べない場合、その立地条件や建物の構造、近所などに問題があるのは悩みの種です。自分で今から新たな場所を選べるのであれば、問題のある場所は避けて選びたいものです。しかし、どうしても何らかの事情で、多少なりとも問題のある物件に住むことになった場合も、完璧にその問題を解決できないかもしれませんが、風水で多くの問題は対処することが可能です。

家の立地

家の立地に関して、すでに建っている家を今さら簡単に改造するわけにはいきませんが、特にこれから新しい家を買いたい、引っ越したいと思っている方はぜひ参考にしてください。

問題のある地域

まず昔からいわれているように、墓場、葬儀場、戦場跡、病院、刑務所、警察、動物処理場などが近所にある場所は、その付近のエネルギーは「陰」の

要素を多く含むので、よくないとされています。つまり病気にかかったり、不運が舞い込みやすいエネルギーが漂っているからです。よって、できるだけこれらの近くには住まないようにしましょう。もし、これらの近くに住まざるを得ない場合は、バグア・ミラーや風水グッズを使って家の中の運気を上げるようにしてみましょう。

家が建つ場所

風水上最もよいとされる家は、正面玄関が海側にあり、家の後ろ側には山がある立地です。家の後ろに山があると、家を守るシンボルとなります。

もし正面玄関の近い位置に山があるとしたら、その山は障害のシンボルと考えられるため、苦難の多い人生になるといわれています。また海は繁栄を表すので、家の入り口からほど近くにあれば恩恵が得られるとされています。しかし家の裏側に海があったり、急な渓谷の横にある場合は、「奈落」と考えられてしまいます。家を後ろで支えるものがないので、援助を受けられない、バックアップがないと考えます。

解決法としては引っ越しですが、それができない場合、もし玄関の正面あたりに山が見えているのなら、水のシンボルとなる池や流れる滝など、水に関連したものを玄関前の庭やスペースに設置するとよいでしょう。ただし水は常に澄んだきれいな状態で保ち、よどみのないようにしておくことです。

また家の裏が海の場合は、シンボルとなる山の写真や絵を家の裏側にあたる部屋の壁に飾ることで、問題を修正します。あるいは家の裏側に、上にまっすぐに伸びる背の高い木や、葉がまっすぐに上を向いて伸びるサンセベリアなどの植物を植えてもよいでしょう。もしくは亀の置き物を、家の裏側中央に置きます。風水において亀は、建物を後ろから守る役目を果たします。したがって亀のお尻が家に向くように置いてください。

もし建物の後ろがスロープのようになって下がっている場合は、1週間に何度かでよいので建物の下側から建物に向けて、スポットライトのような照明を当てたり（1日中当てる必要はありません）、もしくは上に伸びる木や植物を植えるようにしてエネルギーを押し上げてください。

また、風水で一番やっかいな問題とされるのが、三角形の土地に立つ建物です。これは、不吉である、災いを呼び込むといわれており、できれば一番避けたい物件です。三角の尖った先が、殺気に近い悪い気を流すことが理由のひとつです。また、本来は四角形であるべき土地の一部が欠け落ちているともみなされます。引っ越すのがベストですが、どうしても無理な場合は、三角の尖った部分に木や植物をたくさん植えて、その部分が土地の一部でないように見せてしまうことです。あとはその部分に水晶や水晶のさざれ石、木炭をたくさん埋め込むという方法も効果はあります。

家の構造

修正方法はあるものの、できれば避けたい家の構造がいくつかあります。

全面ガラス張りの建物

入口から入った「気」が四方八方に逃げてしまいます。レースのカーテンやブラインドを取り付けることで修正は可能です。

1階よりも2階が大きい作りになっている建物

見かけ通り、バランスが悪い建物です。よく下が駐車場になっている家にありがちな構造です。天井からクリスタルを吊るしたり、駐車場の床に鏡の反射面を天井に向けて貼ったりすることで修正することが可能です。

家の中心がないコの字型やL字型の家

さまざまな障害が起こりやすいとされています。形を整えて修正するために、欠けた部分に植物を植えたりしてみましょう。

できれば避けたい家の例

全面がガラス張り

バランスが悪い家

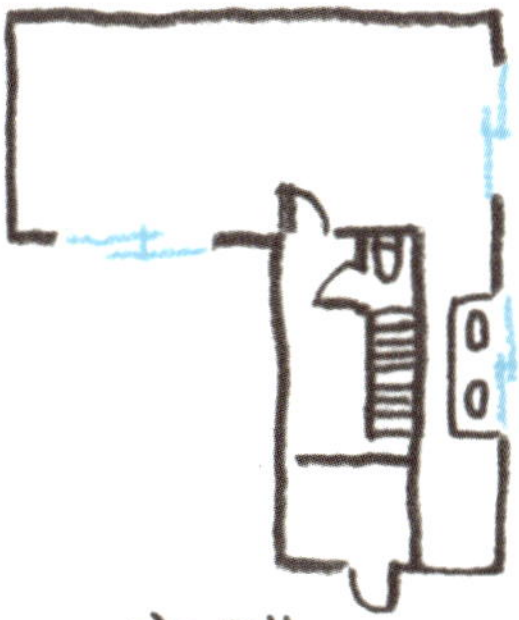

L字型

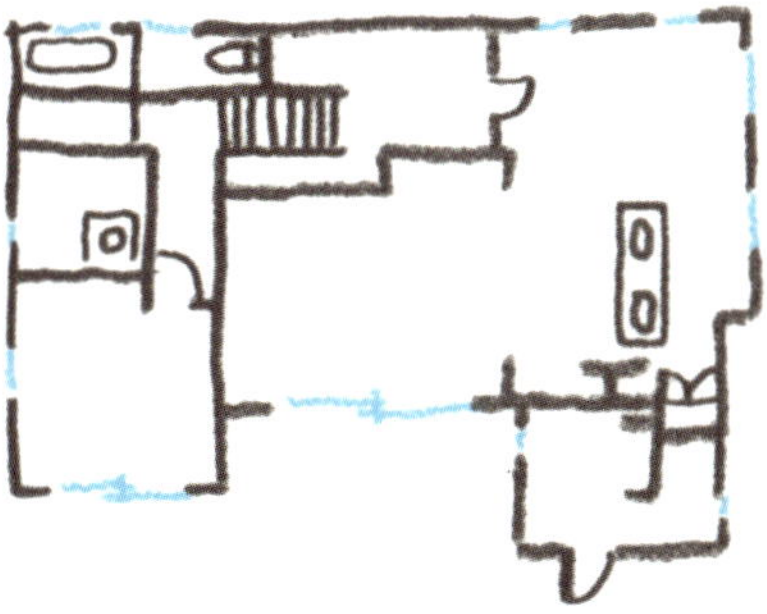

コの字型

玄関を入るとすぐ2階に上がる階段がある家

せっかく家の中に入った「気」が、階段にぶちあたって、すぐに転がり出てしまいます。玄関にマットを敷いたり、植物を置いたり、玄関のドアの内側の上に小さい鏡を貼ったりすることで、問題の修正が可能です。

階段

玄関先の階段で、階段と階段の間に隙間のあるものは、そこからエネルギーが逃げ出ていくとされています。よって階段はできるだけ、段と段の間があいていないものにしてください。もし玄関先の階段がこのような場合は、玄関が目立つようにドアノブに赤いタッセルを吊るしたり、赤い鉢に入った植物を置くと、人はまず階段ではなく、その「赤い色」に注目するようになるので、問題を修正することができます。

すぐに階段が
ある場合は、
マットを敷くと
GOOD!

階段と階段の間が
あいているなら、
赤い鉢植えを
置きましょう。

玄関

外側

正面玄関は、家の入口であると同時に、人生の運気の入口でもあります。よいエネルギーを招き入れるために、家の正面玄関は訪ねてくる人にとって、わかりやすくしておきましょう。正面玄関の場所がわかりにくいと、お客さんはもちろんのこと、エネルギーも迷ってしまいます。わかりやすい入口で、きれいに整えられていると、人も「気」も入ってきやすいのです。

たまに地下に入口のあるお店や、山の上にある家などで、階段が家の入り口に向かって降りるようになっている場合があります。この場合は、家に向かうエネルギーも下がってしまいます。解決法としては、鉢植えの植物を家の前に置くことで、エネルギーを上げることが可能です。特に葉に白い色が入っているものが効果的で、洋種コバンの木がおすすめです。

家の入り口に置いたり植えたりする植物は、先の尖った葉の植物は避けてください。優しく人を招き入れるような植物や、香りのよい花で、棘のないものを使いましょう。また、小さい植木鉢をたくさん並べたりせず、シンプルにしておくことで、よいエネルギーを呼び込みやすくなります。玄関前付近に植えるおすすめの植物は、金のなる木、ドラセナ、ガーディニア（クチナシ）、パンダナス（タコノキ）です。フェンスの周りや門から続く玄関までの道には、

ツタやオーキッドを植えるとよいでしょう。

一戸建ての家で、正面玄関が表通りに面していない場合（最悪なのは表通りから見て裏側に正面玄関がある場合ですが）、サインを使いましょう。「ウェルカム」というサインを木工細工などで作って掲げてもよいでしょう。あるいは表札をはっきりと掲げておくことです。また、可能であれば、正面玄関のドアの色を目立つように、赤系の色などに塗り替えてみましょう。

マンションやアパートで、同じようなドアが横並びになっている場所では、ドアやドアノブに目立つような飾りをつけて、わかりやすくするようにしましょう。

内側

玄関を入ってすぐ目につくのは、靴。靴が散らばったり、履かない靴がたくさん置かれたりしていませんか？　必要ない靴は下駄箱にしまっておくようにしてください。

玄関のエネルギーを上げる方法としては、ウィンド・チャイムを取り付けてみるのもよいでしょう。ドアに取り付けられるタイプのものもありますが、ドアに直接取り付けると、開閉のたびにドアにチャイムがぶち当たって、わずらわしい音が出ることがあります。よってドアから少し中に入ったところに吊り下げるのがベストです。そして爽やかな音のするものを選んでください。濁った音や大きすぎる音は、よいエネルギーを出しません。

玄関を入ったドアの横の壁に「滝」の絵か写真を飾ると、家に富が入るといわれています。ただし、間違った場所や間違った形のものを飾ると逆に富が出ていってしまうので注意してください。

正しくは、家の中から玄関のドアを見た場合、ドアノブが向かって左側にある場合（ドアの蝶番が右側になる場合）、まっすぐに流れ落ちる滝、あるいは右から左に流れる滝の絵か写真を蝶番側の壁に飾ります。この場合、右から左に流れる絵か写真をドアノブ側の壁に飾ると、富が流れ出てしまうと考えます。

もしドアノブの位置が向かって右側にある場合は、まっすぐに流れ落ちる滝、あるいは左から右に流れる滝の絵か写真を蝶番側の壁に飾ります。この場合、左から右に流れる絵か写真を

OK
ドアノブが左側
まっすぐに流れる滝
右から左へ流れる滝
ドアノブが右側
左から右へ流れる滝
NG

ドアノブ側の壁に飾ると、富が流れ出てしまうと考えます。

まっすぐに流れ落ちる滝の絵や写真は、ドアのどちら側の壁に飾っても構いません。

玄関を入ってすぐ正面に壁がある場合、人生に障害をもたらすと風水ではいわれています。この場所には奥行を感じさせるような山の景色の絵や写真を飾ることをおすすめします。あるいは、この位置にまっすぐ上に伸びる植物を置いてください。

また、玄関先に置いてある傘立てに、傘をぎゅうぎゅう詰めにして立てかけないようにしてください。そこでエネルギーが停滞してしまいます。数本だけ入れておくのが理想です。

窓

家の中に窓の数が多すぎるのは、せっかく入ってきたよい「気」が素早く抜け出てしまうので、風水上問題となります。また床から天上までの大きな窓もおすすめできません。つまり「リビングの窓から絶景が見渡せる……」というのは、風水では問題となります。このような場合、昼間はレースのカーテンを用いることで「気」の流れを調節できます。また、暗くなりすぎない程度に、花や植物の絵がさりげなく描かれたブラインドも上手に利用するとよいでしょう。窓が広くて大きな場合は、窓の下、中央辺りに大きめの鉢植え、テーブル、壺などの置物を置くと、「気」の流れをセーブできます。

また、窓のない部屋には、あたかも窓から外の景色が見えるかのように、山や森などの自然の絵を壁に飾ることをおすすめします。

ブラインドやカーテンで
気の流れを調節しましょう!

光をより多く取り入れるために「天窓」を取り付けているお宅もあるかと思います。天窓は、玄関を入って長い廊下がある場合、その上にあると効果的です。

また、暗くて光が入りにくい場所には取り付けると効果がありますが、ベッドルームやキッチンに取り付けるのはおすすめしません。特にベッドルームは、眠るとき頭上に星空が見えるのはロマンチックだと考える人は多いでしょう。しかし風水では、天窓は大きな穴が開いていて、そこから「気」が抜けてしまうと考えられています。

キッチンも、コンロの上に天窓がある場合は、同じく「気」が抜け出すと考えられるので、おすすめできません。いずれの場合も、天窓の中心から釣り糸などでクリスタル・ボールを吊るすと問題は解決できます。

天井

よくロッジで見かけるような、梁がむき出しになっている天井はおしゃれではありますが、風水では問題とされています。そしてそこに取り付けられたシーリングファンも同じく、風水上問題があるとされています。いずれも短時間だけ滞在しているのであれば（数泊程度）構いませんが、そういう屋根の下に住む場合は、修正をおすすめします。

これらの梁は屋根を支えているので、床までの間のエネルギーは圧力のかかった重いエネルギーとなります。そのエネルギーが天井板などで遮られることなく、床まで直接降りてしまいます。

よって、ベッドをむき出しの梁の下に置くと、その重いエネルギーを体に受けてしまうため、病気がちになったり、人生に障害をもたらすこともあると、風水では考えられています。また、むき出しの梁の下に、多くの時間を過ごすような机、椅子、ダイニング・テーブルやソファは設置しないようにしましょう。

問題の解決には、エネルギーを分散させるクリスタルやウィンド・チャイムを、天井から吊り下げるのが最も簡単です。もしくはオーガンジーやシルクのような薄い布で天井を覆って、天蓋のようにする方法でも構いません。あるいは、先の尖ったサンセベリアのような植物を梁の下に置いたり、照明器具を取り付けて梁を照らすことでエネルギーを押し上げてもよいで

梁がむき出しの天井は
天蓋で覆って
修正を!

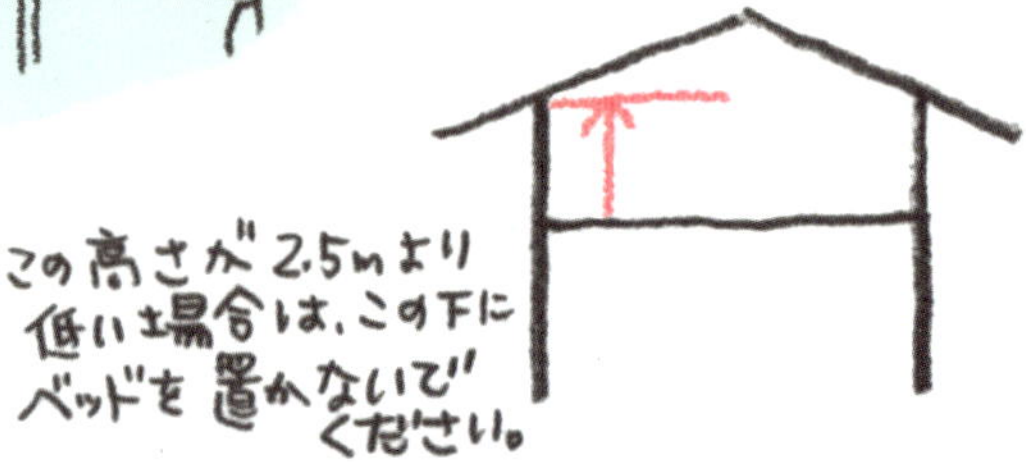
この高さが2.5mより
低い場合は、この下に
ベッドを置かないで
ください。

しょう。

　また、屋根裏部屋や吹き抜けになっている部屋の天井が傾斜している場合、天井の一番高い部分のエネルギーが拡散し、天井の低い部分のエネルギーに圧力がかかります。もし天井の最も低い部分が床から2・5メートルよりも低い場合、この場所にベッドや椅子など長時間を過ごすような家具は置かないようにしてください。傾斜に対する問題の解決としても、天井からクリスタル・ボールを吊るすか、サンセベリアのような尖った上向きの植物を置くことで解決されます。

　シーリングファンは、羽根の角がシャープなものはエネルギーを切り裂いてしまうことから健康に影響を及ぼすことがあるため、羽根がうちわのような形になったものがおすすめです。あるいはシーリングファンのスイッチとして、紐が下がっているタイプのものであれば、その紐の先端にクリスタル・ボールを取り付ければ、シーリングファンとあなたの間の悪いエネルギーを分散してくれます。

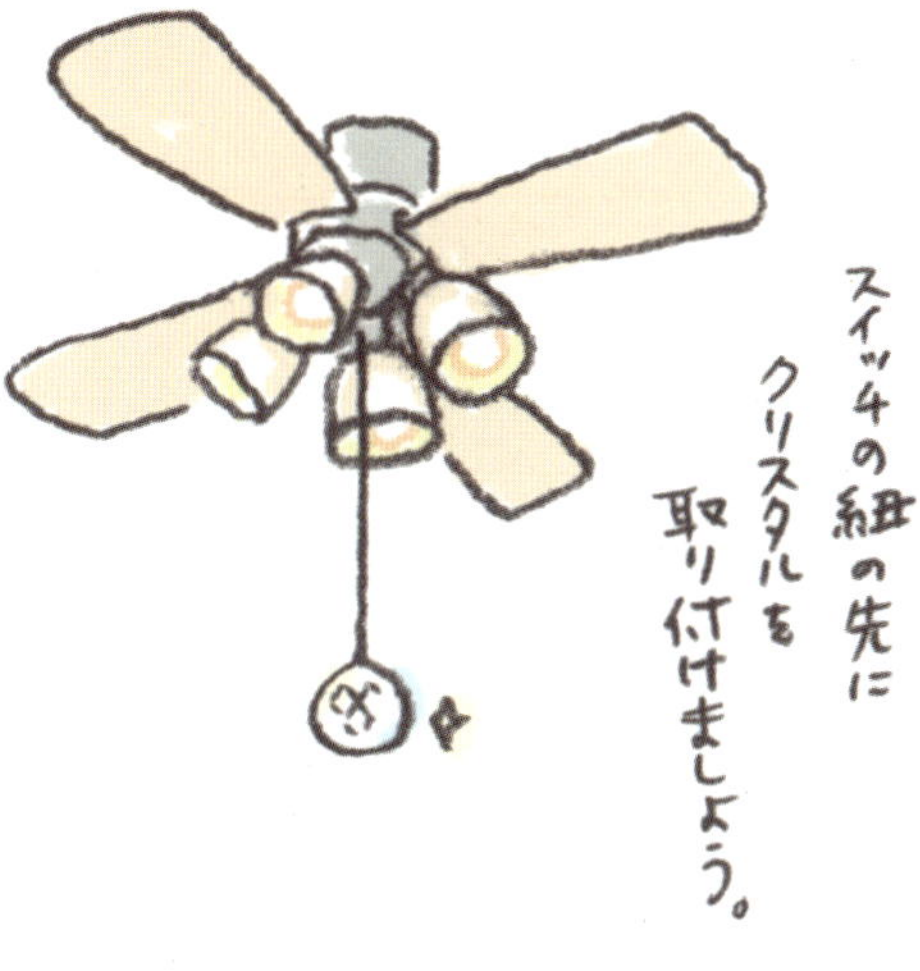
スイッチの紐の先に
クリスタルを
取り付けましょう。

うちわのような
羽根のファンが
おすすめ!

第5章

各部屋の風水

リビングルーム

リビングルームは多くの時間を過ごす場所なので、心地よいと感じるように家具などを配置することが大切です。

前述（93ページ）のように、もしリビングルームが大きな窓に覆われているのであれば、薄手のカーテンを吊るして、エネルギーが一気に出ていくのを防ぐようにしてみましょう。

もしリビングルームの中央に柱がある場合は、そこでエネルギーを二分してしまい、エネルギーの通りが悪くなるだけではなく、意見を二分してしまうので、家族間で喧嘩が絶えなくなったりします。このような場合はその柱が目立たないように、柱の横に背の高いレディ・パームのような観葉植物を置いて、柱と植物が一体となるようにするとよいでしょう。造花の観葉植物でも構いませんが、天井まで達するような背の高い植物は、あなたの限界を示すシンボルと考えられてしまうので、ほどほどの高さのものにしてください。あるいは天井からポトスを柱の横辺りに吊り下げても構いません。

柱の横にポトスを
天井から吊り下げれば
OK!

家具

〈配置〉

ワンルーム・マンションでは、リビングも寝室もすべてひとつの部屋に凝縮されてしまいます。本来、風水ではこのように一部屋を雑多な目的で使用するのはよくないとされています。

可能であるなら、カーテンやスクリーン、背の高い植物で部屋を仕切り、それぞれの場所の用途を明確にすることです。たとえばソファベッドの回りをカーテンやスクリーンで囲んだり、あるいはベッドとその他のエリアを、圧迫感を与えない程度の飾り棚や背の高い観葉植物で仕切ると、一部屋を上手に利用できるでしょう。

もうひとつ家具に関して大切なことは、ソファや椅子に座っているとき、またベッドに寝ているときに、その部屋の入口となるドアが見えることです。あなたの位置からドアが見えないと、後ろ盾を得られなかったり、障害の原因を生み出すかもしれません。たとえ少しだけであっても、ドアが見えるような位置に家具を配置してください。もしそれが難しいのであれば、凸面の鏡を上手に使って、ドアから入ってくる人が見えるようにしてみるとよいでしょう。

また家具の尖った角が、あなたを指している場所に座ったり寝たりしないことです。これは家具の角などの直角になった部分のことです。風水ではこの角のことを「毒矢」と呼び、負のエネルギーがそれぞれの家具の角から出ていると考えます。座ったり寝たりするときに、テーブルやタンスなどの家具の角があなたを指してしまうのに、その家具の位置を変えられないのであれば、布を家具の上にかけるか観葉植物を置いて、家具の角を隠すようにしてください。これから家具を買うのであれば、竹製や籐製の角の丸い家具を取り入れるとよいでしょう。

〈ソファ〉

ふたつのソファを向き合うようにして置くのは、風水ではよくないとされています。これはそれぞれのソファに座った人間が、それぞれの風景を見ているため、ふたりの意見が合わないことを示すからです。もしこの状況を変えられないのであれば、ふたりの間にあるテーブルに面取りが施されたクリスタル製のもの、たとえば灰皿、キャンディボックス、花瓶を置くことです。

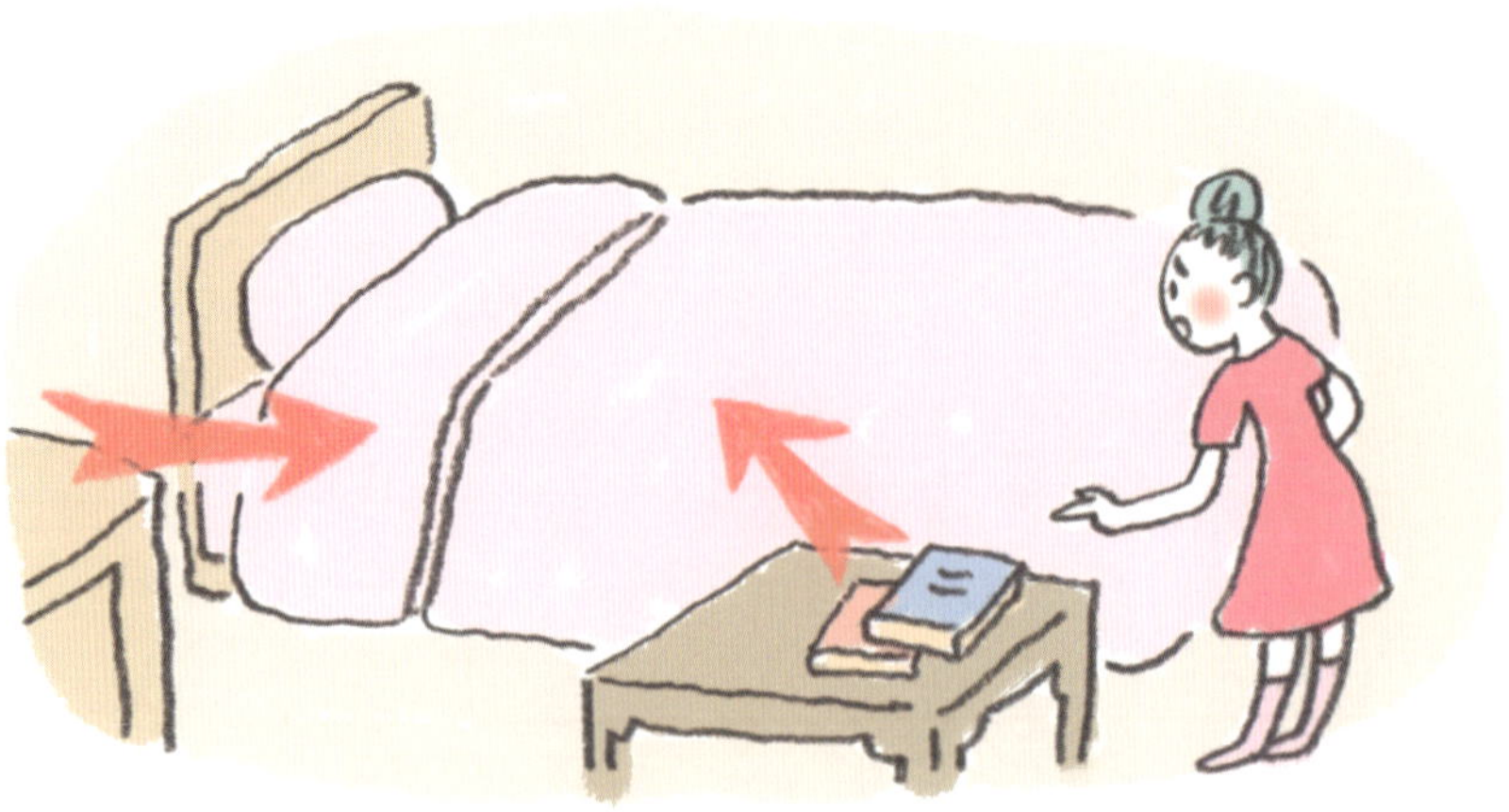

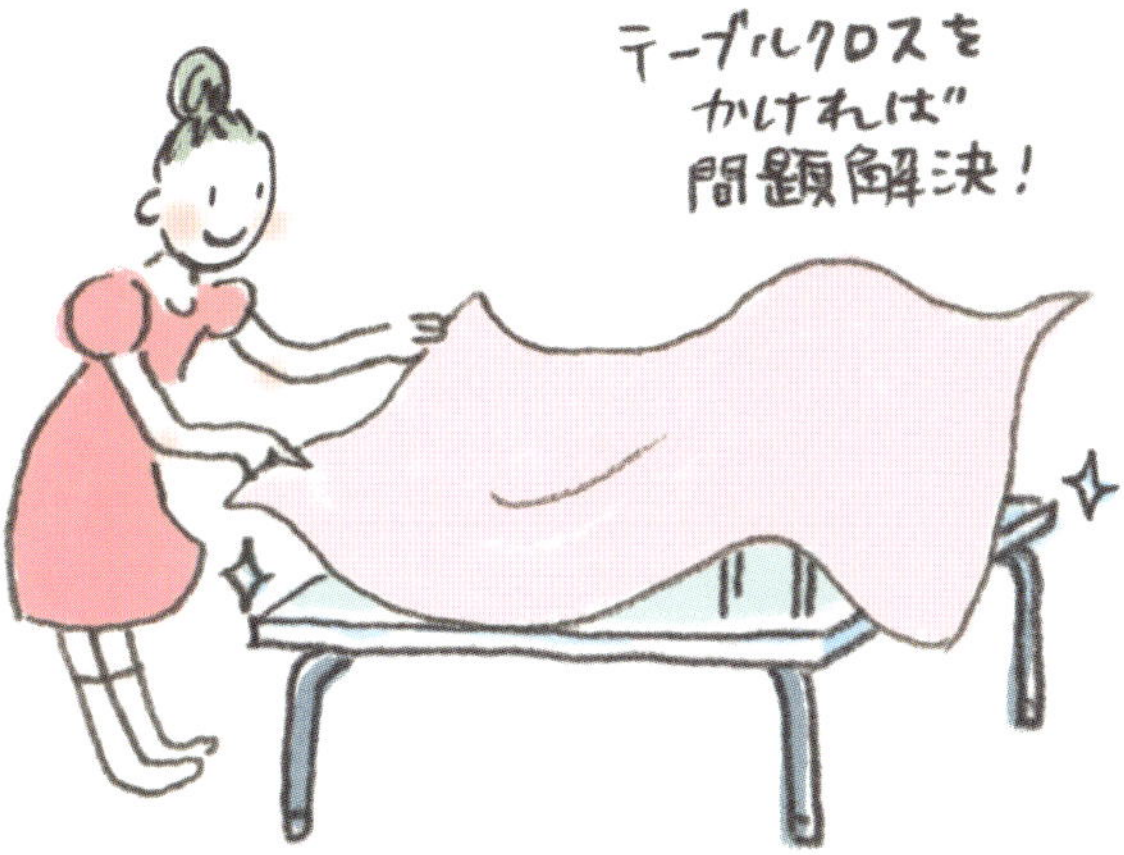

〈ガラス製品〉

ガラス製のテーブルや棚で、ガラスの縁《ふち》が切り落としたままになったものがあります。このガラスの切り口を風水では「エネルギーを切る」としています。つまり、この切り口によって、あなたの意思や目標も切り落としてしまうのです。

　もしガラスのテーブルや棚の縁が竹、樹脂、金属などで覆われている場合は問題ありません。切り落としたままのガラスのテーブルには、テーブル・クロスをかけることで、問題は解決します。

　ガラスの棚は、ドア付きのもので、むき出しのガラスの棚板が扉の中にあれば問題はありません。棚板そのものがむき出しになっている場合にのみ、エネルギーが切り落とされると考えます。ただし非常に分厚いガラスが使用されている場合は(厚さ5センチ以上)、問題ありません。棚板そのものがむき出しになっている場合は、最近よくみかけるカラフルでポップな幅広のマスキング・テープを上手に使って、ガラスの縁に貼っておけば問題は解決します。

〈椅子〉

食卓や仕事で使う椅子には、背もたれがしっかりしたものを用います。つまり一枚板のようになった背もたれです。柵のようになっている背もたれはおすすめできません。背がしっかりしてないということは、生活や人生においても後ろ盾がないということを意味してしまいます。もし現在ある椅子が、背のしっかりしていないもので、すぐには取り替えられない場合、とりあえずは大きめの心地よく座れるクッションを背もたれ部分に置いて使用しましょう。

ベッドルーム

部屋の位置

バグア・チャートの「知識・自己開発」のコーナーにベッドルームがあると最適です。リラックスしたり、じっくりと考えたりするのに適した場所だからです。

ベッドルームが駐車場に面していたり、道路がそばを走っていたりして騒音の影響を受ける場合は、ベッドルームがある部屋の外壁に、小さくて目立たない鏡の反射面を音のするほうに向けて設置します。もし道路の騒音がひどい場合は、凸面鏡を使用すると鏡のふくらみが騒音を押しやります。

ベッドルームがガレージの上にある場合は、ガレージの天井に鏡の反射面を駐車している車に向けて貼り付けます。もしガレージの天井に貼り付けにくい場合は、ベッドルームの床に鏡の反射面を下にして両面テープなどで貼り付けても構いません。

ベッドの位置

ベッドは毎日睡眠を取るために大切な場所です。ベッドの頭の位置は、窓のすぐ下ではなく、できれば壁に接して置くのが好ましいです。

また、ベッドルームのドアからまっすぐの位置にベッドを置くのは、ドアからの早い「気」

の流れが体に直撃することになり、健康や運気上よくないとされています。どうしてもその位置しかベッドを置くことができない場合は、ドアとベッドの間に小さい敷物を敷くか、植木鉢やスクリーンを置くなどしてみてください。あるいは、ドアとベッドの間の位置にあたるところに、天井からクリスタルを吊るしても構いません。

もし狭い部屋にベッドを置く場合、特にそのベッドをカップルや夫婦で使用する場合は、ベッドの両側と壁の間に、適度な空間を保つようにしてください。壁にベッドの両側が接触していると、適度な距離をお互いの間で保てないとされます。

また、ドアが開く位置に足が来るようにベッドを置くことは「棺桶の位置」と呼ばれ、死ん

ベッドとドアの間に
敷物を敷きましょう。

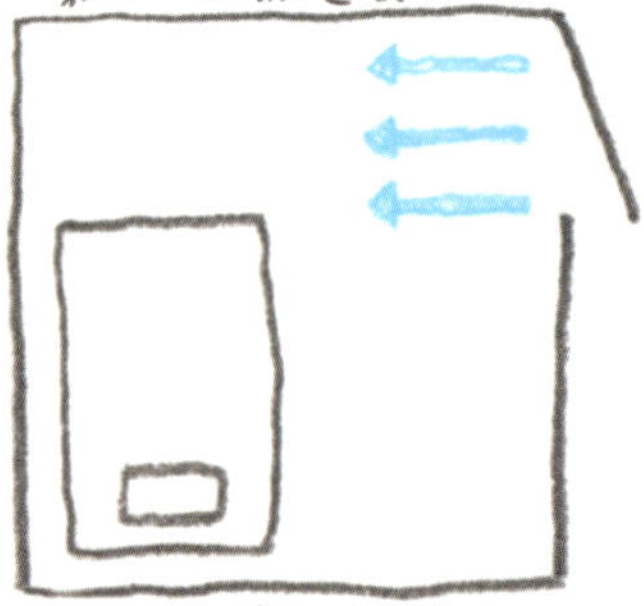

この位置はOK！

「棺桶の位置」は
避けましょう。

だときに足から運び出す位置となり、健康によくありません。

ヘッドボード

ベッドにヘッドボードを取り付けることが風水では大切とされています。頭の上にしっかりとした一枚の板状のヘッドボードがあれば、その人の人生にもしっかりとした支えがあることを意味するからです。

ベッドの上に窓があるときは、頭上の窓から「気」が通り抜けやすいので、特にヘッドボードは必要となります。夫婦やカップルでベッドを共にしている場合も、ヘッドボードがあるほうが、ふたりの関係が強められます。ただしもしヘッドボードが柵のようになったものを使用していると、ふたりの関係にも隙間が生じるという

意味になってしまいます。

ゲストのベッドのヘッドボードには、柵のようになったものを使っても構いません。子どものベッドにもしっかりとしたヘッドボードを使ってください。

しっかりとしたヘッドボードをすぐに手に入れられない場合、部屋の色に合う落ち着いた色の布地をヘッドボードの位置にピンで止めるか、あるいはクッションを並べて置いたりしてみましょう。できれば、ベッドに直接取り付けるヘッドボードを買うことをおすすめします。

もし布団で寝る場合は、頭を壁側にしてください。

その他

ベッドルームの足元の壁に鏡があると寝姿がそこに映し出されて、落ち着かない場合があります。この場合は大きな布などで、眠るときだけカバーしておくとよいでしょう。

また足元の壁に、自分が大好きな絵や、行ってみたいところの写真を飾っておくとよいでしょう。目覚めたときに一番最初に目にするものが、あなたの気分をよくするものであれば、気持ちよく目覚められるはずです。また、ベッドルームに人や動物が目を開けている絵や写真があると、寝ている間もあなたを見つめていることになり落ち着かないので好ましくありません。

ベッドの周囲に本棚や書類などいろいろなものを置くと、安眠できなくなるので、読みたい本があるときは、1冊だけベッドのサイドテーブルに置き、できるだけスッキリとした部屋にするように心がけましょう。

バスルーム

バスルームは設置する位置で、人生、特に金運を大きく左右する力を持っています。その要素は「水」で、バランスが悪い「陰」の要素が強い場所です。シンプルな飾りつけは「陽」を意味するので、清潔に保つためにも、バスルームには多くの物を置かないことです。それによって、バスルームの「気」のバランスを取るようにします。

バスルームに窓がない場合は、カビが生えやすくなります。カビはその場の「気」を腐らせているようなものなので、換気扇を使ってしっかりと空気の循環をよくするように心がけてください。よい香りがいつも漂うように、アロマオイルを少量容器に入れて置くのもよいでしょう。もしバスルームに窓がある場合は、一日のうちの数時間は、窓を開けて自然の風で換気をするようにしてください。

バスルームの位置

バスルームは「水」を象徴し、「流れる」ことを意味するので、その配置は簡単ではありません。今から設計をして家を建てるのであれば、バグア・チャートの次の位置に注意してください。

「金運・富」のコーナーにある場合：金運がアップしないと考えられています。この場合は植物を置いたり、「流れ出るのをここで切ります」と声に出して唱えながら、排水管に赤いリボンを巻いて修正します。トイレのタンクの上に、まっすぐに上を向いたサンセベリアのような植物を置くのも効果があります。

「協力者・旅行」のコーナーにある場合：協力者を流してしまうという意味から、縁や助けも流してしまうと考えられます。この場合はメタル製のソープディッシュやカップを置いたり、クリスタルを置いて問題を解決します。

「結婚・恋愛」のコーナーにある場合：「関係を流す」とされるので、この場合は、トイレの備品を木製にしたり、土に植えられた植木を飾ったり、色使いに「土」のエレメントを取り入れるとよいでしょう。もちろんクリスタルを吊るしても構いません。

「部屋の中央」にバスルームがある場合：まれにバスルームが中央にあるか、または実際には建物の中央になくても、他の部屋で囲まれた形になっているバスルームは「中央のバスルーム」と考えられます。マンションやアパートで、バスルーム内の壁のどれかが、あなた自身の部屋の一部ではなく、隣の家と接触している場合は「中央のバスルーム」とは考えません。

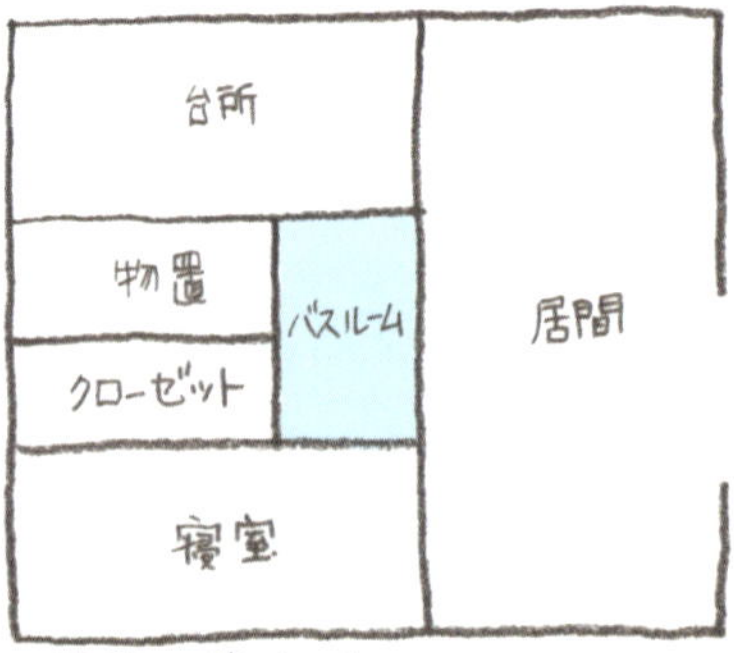

中央のバスルーム

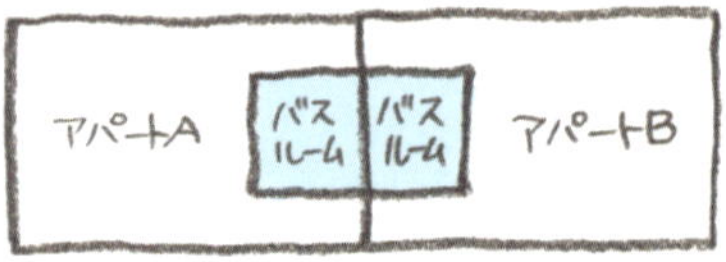

これは中央のバスルームではありません

中央にバスルームがあると、その家族に病気、離婚、金銭的な困難などの問題をもたらすことになりがちです。風水では、家の中心は人生を意味する大切な場所です。この一番大切な場所に、「陰」の要素が強いバスルームがあると数々の問題を起こしかねません。

「中央のバスルーム」に天窓がある場合、天窓は「陽」の要素を取り入れますが、それでも「中央のバスルーム」であるということを打ち消す働きをしないので、「中央のバスルーム」であると考えます。

この問題の望ましい解決方法は、改装してバスルームの位置を変えることですが、非常に難しいと思います。シンボルを使った解決法では完璧ではないかもしれませんが、鏡でバスルームの壁（天井を含む）を覆うということもできます。ただし鏡は一枚板を用います。小さいタイル状のものを何枚も使用するのは、つなぎ目が人の像を切り裂いたように映し出すので、不健康をもたらしてしまいます。

そこまでリフォームができないという方には、「中央のバスルーム」にできるだけ多くの鏡を吊り下げても効果がありますが、落ち着かないかもしれません。その場合は、バグア・ミラーをバスルームの外に吊るしてください。バグア・ミラーは通常部屋の中に吊るしませんが、この場合は吊るしても構いません。

もしくはバスルームの外側のドアに、姿見のような鏡を貼ります。バスルームの前に立っても鏡が対面の風景を映し出すので、バスルームの存在が消されるようになります。

バスルームのドアに鏡を設置しにくい場合は、バスルームらしくない絵や写真をドアに飾って、バスルームの存在を消すようにしてください。間違っても、バスルームやトイレのドアに「バスルーム」「トイレ」というサインは貼り付けないでください。

邪魔にならないようであれば、バスルームの天井からウィンド・チャイムやクリスタルを吊るしても効果はあります。

バスルームやトイレがキッチンと隣接している場合：これは主にトイレの悪い「気」がキッチ

ンに来てしまうので、よくないとされています。この場合も、バスルームのドアの外側に絵を飾って、バスルーム、もしくはトイレではないような見かけに扱ったり、トイレにクリスタルを吊るしてください。

寝室内、あるいは寝室のすぐ横にバスルームがある場合：寝室内にバスルームがあるのは欧米ではよくありがちなケースです。寝室内ではなく、部屋の横にあってもバスルームの「陰」のエネルギーが寝室に流れ込みやすくなるので、熟睡できなかったり、健康に害を及ぼす可能性があります。この場合は、ベッドをバスルームの入口と並行にならないように置き、バスルームと寝室の間に、可能であればスクリーンや植物を置いてください。もしそれが難しいようであれば、天井からクリスタルを吊るしても構いません。

ドア

バスルームやトイレのドアを開け放してある家をよく見かけます。しかしできるだけ、バスルームやトイレのドアは閉めてお

いてください。湿った「陰」のエネルギーや、排泄物のエネルギーが入り込んでくるのを防ぐ必要があるからです。もしも換気のために、どうしてもドアを開ける必要がある場合は、全開にせず少しだけ開けるようにしましょう。できれば換気扇を使って換気をするのがベストです。

マンションで、トイレとバスルームのエリアの入口がアーチ形になっていてドアがないものをよく見かけますが、この場合は少なくともカーテンを吊るしてください。他の部屋にバスルームの悪いエネルギーが流れるのを防ぐと共に、プライバシーも確保できます。

排水

バスルームであまり注意を払われていない場所でありながら、問題が多いのは排水場所です。排水口は水が流れていく通路ですから、「富」とされる水が、排水口の数が多ければ多いほど、あちらこちらから流れ出てしまうことになります。問題の解決方法としては、排水口が見えないようにすればよいのです。洗面台の場合は、排水口にきれいなガラス玉やプラスチック製の小さめの花を置いてみるとよいでしょう。

バスタブの排水口は、カーテンかドアを半分ほど閉めれば目につかなくなります。バスルームの床の排水口は、最近のユニットバスではカバーがついたものが多いので、その場合は問題ありません。もし排水口が丸見えの場合は、排水口を目立たなくするために、百円均一ショップなどにもあるような、プラスチック製のリーフ（葉）を排水口に置いてみてもよいでしょう。

洗面台の下にある排水管は、赤い紐かリボンを結んでください。間違っても、配水管ではなく排水管にだけ巻いてください。こうすることで、水を流し出すという行為を赤いリボンを結んだ場所でカットするということになり、無駄なお金が出ていかないことを意味します。

トイレの水を流すときは、必ずトイレの蓋を閉めてから流します。また、トイレのタンクの下に大きめの丸みのある石を置くことで、排水のエネルギーを抑えることができます。

トイレ

トイレのドアは、通常閉めておくようにしましょう。また、トイレの蓋も、使っていないときは閉めておいてください。使った後も蓋を閉めてから水を流すことで、排出物からのエネルギーの波動に触れないようにします。

便器の方向も風水では重要です。普通便器から出るエネルギーは上下と前後に及びます。したがってその方向に、ベッドルームのベッドや書斎の机、リビングのソファ、キッチンのコンロ、正面玄関がある場合は問題となります。便器の後ろ側が前述のどれかにあてはまる場合は、小さい鏡を便器の水槽タンクの後ろに両面粘着テープなどで貼り付けてください。反射面がタンクに向くようにします。これによって、便器の悪い波動を隣の部屋へと向かわせないようにします。

便器の正面が隣室のベッドや机、コンロ、よく使うソファに向いているなら、小さい鏡を便器の前の壁に、便器の高さと同じ位置に貼ってください。そうすれば、鏡が便器に向けて反射して、悪いエネルギーが隣室に流れるのを防ぎます。もし鏡を貼るとトイレに入るとき落ち着かないというのであれば、鏡の上から壁と同じ色を塗っても構いません。あるいは隣の部屋の壁に、便器と同じ高さの位置に鏡の反射面をトイレに向けて貼ります。その上に小さい

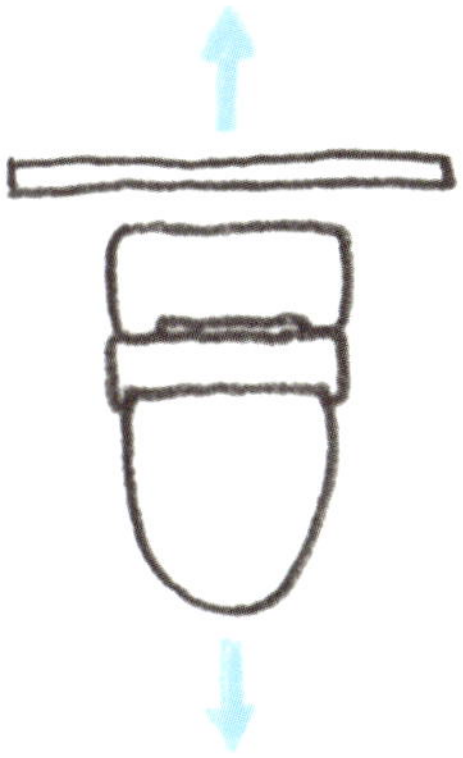

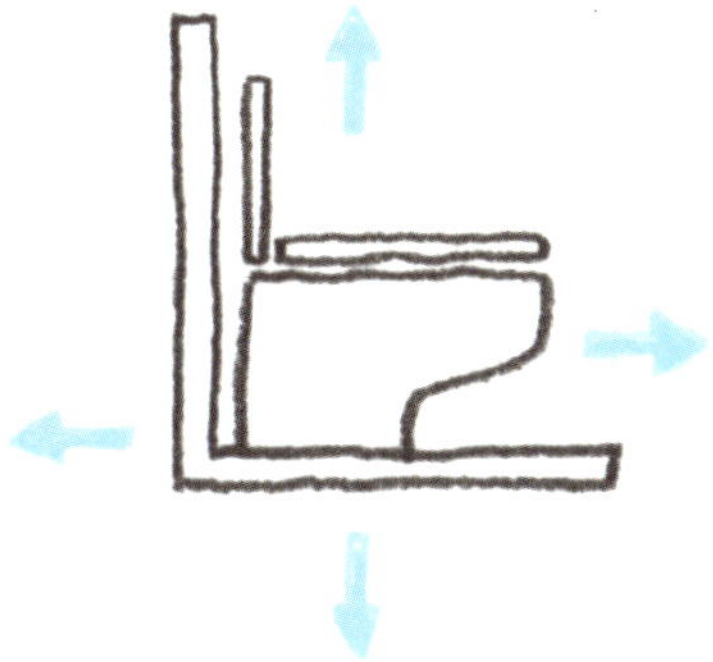

額などを掛けてしまえば、裏向けに貼られた鏡は目立たなくなります。

バスルームの真上の階に机や椅子、ベッド、ソファ、コンロがある場合、鏡をバスルームの天井の便器の上に、便器に反射面を向けて貼ります。また、机や椅子、ベッド、ソファ、コンロの下に、直接鏡の反射面をトイレに向けて貼っても構いません。

バスルームが2階にある場合、階下の机や椅子、ベッド、ソファ、コンロがある部屋の天井に、鏡の反射面を便器に向けて貼ります。そして鏡の上から目立たないように色を塗っても構いません。

ただし、オフィスやビルなどの共同便所の場合、この鏡を使った方法は誤解を招く恐れがあるのでおすすめしません。

バスルームの飾りつけ

バスルームは「水」を使う場所なので、水を象徴するものを置くと「水」の要素が強くなりすぎてしまいます。よく貝殻の形の石鹸や、熱帯魚の模様がついた壁紙、シャワー・カーテンを見かけますが、これはよくありません。バスルームには水を吸収する植物に関するものを置くのがベストです。観葉植物や造花でも構いません。

壁は、水を象徴する「ブルー系」は使用せず、落ち着いた薄いクリーム色などにして、植物のウォール・ステッカーを貼ってもよいでしょう。

生きた植物で、葉が垂れ下がってきたりしないものはバスルームには最適です。サンセベリアなど上向きにまっすぐに伸びている植物は、トイレのタンクの上に置くとトイレ内のエネルギーを上げてくれるので効果的です。

キッチン

キッチンは、火と水の両方を使う「破壊的」な関係が同居している場所です。実際、コンロで天ぷら鍋に火が入って火事が起こる場合もあります。一方、食べ物を扱うこの場所は、「富」の象徴でもあります。キッチンの風水のポイントは、あまり使わない食器や鍋を出しっぱなしにせず、すっきりとした、掃除のしやすい環境に保っておくことです。

コンロ

キッチンで最も使うのが、料理を作る場所であるコンロです。コンロで調理をしているときに、部屋の入口が見えるようにすることが大切です。しかし入口に背中を向けて立つ場合が多いように思います。その場合は、コンロの上に、よく光ったケトルを置いて、そこに人の動きが映るようにします。

コンロの前の壁によく光った鍋を吊るす

のは金運を呼ぶといわれていますが、調理の油が飛んだりして汚れやすいので、常に光るように磨く必要があります。ただし研磨剤の入ったスポンジで磨くと傷がついて、逆効果になるので注意しましょう。

また、コンロのすぐ隣に水のエレメントである冷蔵庫や流し台があるのは、火のエレメントを持つコンロと相対するので問題とされます。もしコンロと冷蔵庫の間に調理台や準備台があれば、その関係は緩和されるので構いません。もし直接コンロと冷蔵庫や流し台が隣り合わせとなる場合は、小さい植木鉢を間に置くようにしてみるとよいでしょう。

コンロ（電子レンジ、オーブンを含む）が流し台や冷蔵庫と向き合っている場合は、この間の位置にあたる天井からクリスタルを吊るし、エネルギーが分散するようにしましょう。

冷蔵庫

冷蔵庫の中も、きっちりと整頓しておくことが大切です。賞味期限が切れていたり、腐ったものを入れておいてはいけません。新鮮な食品を豊富に入れておくのがポイントです。定期的に冷蔵庫の中を整理し、アルコールなどを使って除菌するようにしてください。

冷蔵庫のドアにメモやマグネットなどを貼り付けている光景もよく見かけますが、あまり好ましくありません。心穏やかに過ごすためにも、いろいろなものを貼らないほうがよいでしょう。キッチンはすっきりと見えて、掃除がしやすいということを常に頭に置いておきましょう。

オフィス

ホーム・オフィスや自分が仕事をする会社のオフィスも、バグア・チャートを使って幸運を呼び込んでみましょう。

会社勤めをしている場合は、簡単に部屋のレイアウトを思いのままに変えてしまうことはできませんが、自分が毎日使っている机を部屋とみなしてバグア・チャートをあてはめるとよいでしょう。いずれにせよ、いつもきちんと片づけておくことがポイントです。

ホーム・オフィスをこれから始める場合は、しっかりとした机と、背もたれのある椅子を使うようにしてください。背もたれは一枚板のようになったもので、長時間座っていても背中が痛くならないようなクッションが効いたものを使うようにし、隙間の空いた背もたれは避けましょう。そして、来客があったらすぐに見えるようにするため、決してドアに背を向けて座らないようにします。

また、自分が座る後ろには棚や多くの書類を置いて煩雑にしないこと。自分の後ろとはバックアップ、協力者という意味もあるので、その場所がきれいに整頓されていないと、よい協力者が現れにくくなります。後ろが壁の場合は、そこに山の絵や写真を飾ると、後ろ盾を得られると考えられます。また、部屋に窓がない場合も、窓があるかのごとく、自然の絵や写真を飾っておくとよいでしょう。

オフィスの家具は、あまり多くないほうがよいでしょう。角が尖ったものばかり置くよりも、丸みのあるものを取り入れたほうがコミュニケーションやエネルギーの流れを円滑にしてくれます。素材も金属系のものより、木製のものを多く取り入れたほうがよいでしょう。

自分のデスクをバグア・チャートのように9つに分けて考えます。「結婚・恋愛」のコーナーにあたる右上の端は、人間関係とも考えられるので、ここには大事な取引先の名刺ホルダーを置きましょう。

左上の角の「金運・富」のコーナーは、電気スタンド、木の置物（高価なもの）、預金通帳や小さな金のなる木を置いたり、その位置の壁にあたるところに紫の紙を貼り付けてもよいでしょう。

左手前の「知識・自己開発」のコーナーには資料、右手前の「協力者・旅行」のコーナーに引き出しがあれば、そこに住所録を入れておきましょう。

座った正面の「名誉・評判」のエリアには、エネルギーが重たくならないように書類や本は常設しないようにしましょう。正面に壁があれば、そこに目標となるような言葉や、気分をアップさせてくれる絵や写真を飾るとよいでしょう。ただし仕事中ではないとき、デスク上の半分は、何も物を置かないようにしてください。

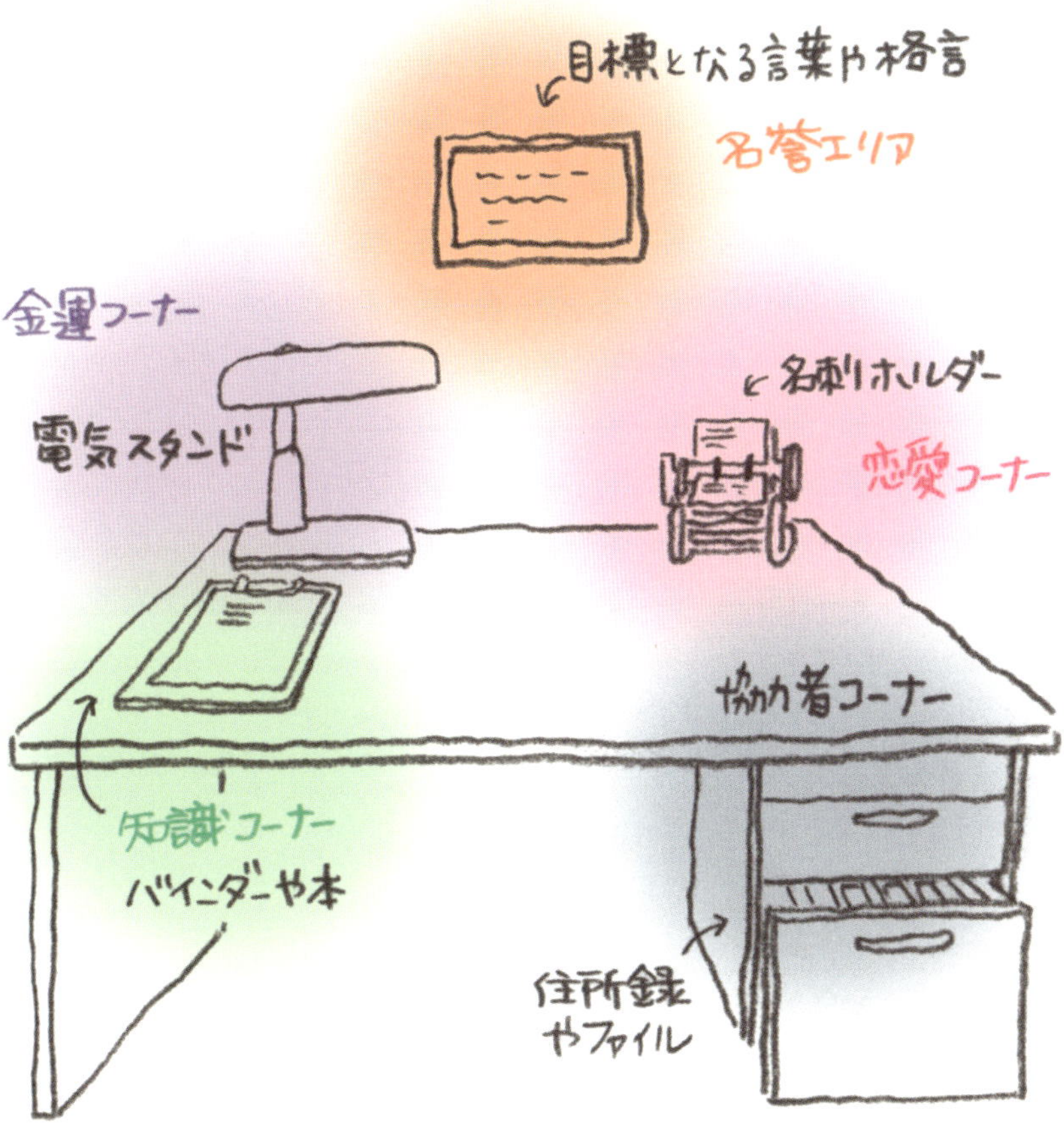
目標となる言葉や格言
名誉エリア
金運コーナー
電気スタンド
名刺ホルダー
恋愛コーナー
協力者コーナー
知識コーナー
バインダーや本
住所録
やファイル

第6章

風水で悩み事解決！〜実践例〜

この章では、実際に私が電話やメール、あるいは実際に現場に行っておこなった風水コンサルティングの例をご紹介します。

喧嘩が絶えなかった夫婦の場合

ある50代のご夫婦ですが、数年前に都心のタワーマンションを購入して引っ越されたそうです。最新式の設備を備えた、とても心地よい暮らしができる設計ではあるのですが、なぜかここに移って以来、ご夫婦間で意見の衝突が多くなり、ご主人は仕事もスムーズにいかなくなるだけではなく、体調不良を訴えるようになり、奥さまはストレスとノイローゼに悩んでいるとのことでした。

問題

まず、間取りをお伺いしたところ、リビングはすべて大きなガラス張りで、素晴らしい景色が見渡せるということがわかりました。これでは、せっかく玄関から入ってきた「気」がすべて窓から抜け出ているので、運も停滞してしまいます。

リビングの中央に大きな黒い革張りのソファがふたつ対面するように並んで置かれていまし

た。そしてご夫婦はいつもそれぞれの椅子に対面するように座っていたのです。ソファを対面で置くと、意見の衝突を生み出すと風水ではいわれています。これが夫婦の喧嘩を引き起こす原因のひとつであったと思われます。

そしてこのソファに座るとき、ご主人はいつもリビングの入口を背にして座っていました。これは入口から入ってくるお客さんに背を向けていることになるので、「後ろ盾を得ることができない」という意味で、仕事も行き詰っていたのだろうと思います。

また、仕事関係のお付き合いでいろいろな方から頂いた置物、お土産品、絵画などが各部屋に所狭しと置かれていました。頂いた物なので、もしその方がおみえになったときのことを考えて、気を使って陳列されているようでしたが、実はご本人たちは、そのどれもがあまり好きではないということでした。

解決策

まず、部屋の窓は日中でもレースのカーテンを閉めてもらうようにお願いしました。こうすることで入口から入った「気」が抜け出るのを防げます。

次にソファを対面ではなくL字型にレイアウトし直し、入口を背にして座ることのないようにしていただきました。

「名誉・評判」のエリアにあたる窓の下には空気清浄機を置かれているということでしたが、

その空気清浄機の下に見えないように、赤い三角形のフェルトの布を切って「主人は仕事で成功します」と声に出して唱えながら置いていただきました。

各部屋に雑然と置かれていた置物や小物、絵画は、自分が気に入ったものでなければ心に安らぎを与えてくれません。ご自分が本当に気に入ったものだけを残して、あとは処分するかクローゼットに収めておくようにお願いしました。

1年あまりが過ぎご連絡をいただいたときには、ご夫婦の関係は改善し、奥さまは以前からやってみたかった習い事を始めて楽しい毎日が送れるようになり、ご主人のお仕事もスムーズに運び始めるようになったとのことでした。

40歳を過ぎても結婚相手が現れない女性の場合

会社勤めをされている、とてもチャーミングな40代の女性からの相談で、ボーイフレンドはもちろん、結婚相手にもまったく巡り合わないということでした。

問題

2LDKにひとりでお住まいなのですが、玄関を入ってすぐの廊下の壁にはひとりの女性がきれいなお花畑に立っている絵が掛けられていました。そしてリビングに入ると、ソファの上や棚の上などにぬいぐるみのクマや犬が点在して置かれています。壁には、ハートの形をした飾り物が掛けられていました。そしてバスルームの中にも、1本だけまっすぐに伸びたヤシの木の写真が飾られていました。

また「結婚・恋愛」のコーナーにベッドが置かれていたのですが、ベッドカバーはブルーで、ベッドにも犬のぬいぐるみが1匹寝かせてありました。

この部屋には、非常に「ひとつ」のものが多く点在し、「ひとり」でいることを強調しているかのように見てとれました。

部屋のカーテンの色はグリーン系、カーペットは赤い色と、部屋の中の色も統一されておらず、落ち着きません。

解決策

多くのものが、彼女が「独身」でいたいということを主張していました。そのため、ひとりで立っている女性の絵や、1本のヤシの木の写真は取り払って、飾るのであれば複数の女性か人々、あるいは複数のヤシの木が写った写真や絵に変えるようにお願いしました。

また、点在していたぬいぐるみも、ペアにして置くか、数が合わないのであればクローゼットにしまっておくようにお願いしました。ハートの飾り物も、どうしても飾るのであれば、もうひとつハートの飾り物を買って、ふたつ並べて飾るほうがよいとアドバイスしました。

そして恋人が欲しい場合はピーチピンク（薄いオレンジのような色）が効果的なので、できればベッドカバーをピーチピングに変えてみるようおすすめしました。

部屋のカーテンも、ベッドカバーの色と合うような薄いピンク系にするか、あるいはカーペットを薄い色に変えるかして、色のコーディネートを意識することを提案しておきました。

約半年後にお会いする機会があったときに聞いてみると、私のアドバイスに従って部屋の中を模様替えしてから約3カ月で素敵な人に出会い、最近ではその人とのデートを楽しんでいて、風水効果に驚くと共に幸せそうでした。

古いアパートに引っ越した家族の場合

30代のご夫婦から頂いたメールによる相談では、ご主人の転勤で、急遽引っ越すことになったため、とりあえず見つけたのが古いアパートだったそうです。ところが、引っ越したその晩から夜中になると、誰かが歩き回っているような物音がキッチンでしたり、赤ちゃんが空中を見つめながら、怖がって泣き叫ぶということでした。

問題

まず透視して感じたのは、その建物が古いために過去の多くの住人が残していったエネルギーや、建物や土地に棲む霊たちの存在があるようでした。

また、子どもと一緒に寝ている寝室のベッドの足元にあたるところにドレッサーが置いてあり、起き上がったときには自分の姿が、そして寝ているときも自分の寝姿がその鏡に映るので落ち着かない雰囲気でした。

アパートの立地も建て込んだところにあるために、日中でも十分に太陽光がリビングに入り込まないうえ、窓を開けると向かいのアパートの視線が気になるような感じでした。

解決策

まず除霊効果の高い乾燥セージの葉かサンダルウッドのインセンスを1日数分、1週間ほど続けて炊いて、その煙で部屋の中のエネルギーを浄化するようにお願いしました。

そして寝室にある鏡は動かすか、あるいは夜には布などで覆うことをおすすめしました。リビングでは、できるだけフロアライトを点けて、昼間でも明るくするようにアドバイスしました。また、観葉植物も数種類置いて、エネルギーの活性化を試みるようにお願いしました。

向かいのアパートの存在が気になるのであれば、小さい鏡を使う方法をお教えしました。向かいのアパートに鏡の反射面を向けて、自分の部屋の壁に貼り付け、その上から額などを飾っておくと、その鏡が目立つことなく、相手側から来るエネルギーを跳ね返すことができるとアドバイスしました。

数週間して連絡が来たときには、夜中にしていた物音もしなくなり、赤ちゃんもぐっすりと眠れるようになったそうです。

ガラクタの多い家に住む家族の場合

年中子どもの誰かにトラブルが起こっていたり、同居している両親も病気がちで、問題ばかりが続くというご家庭からメールで相談を受けました。

問題

まず透視してみたところ、玄関を入って右側、「協力者・旅行」のコーナーのエネルギーがかなり重いので、そこに何があるのか聞いてみたところ、六畳の和室なのですが物置になっていて、知り合いが海外に行って買ってきてくれた民芸品も数多くあるということでした。中でも、手作りの木製のお面がどうも不気味で、箱の中に入れたままにして置いてあるということでした。

この部屋に続く場所「子ども・創造」のエリアも、かつては曾祖母さまが使っていた部屋なのですが、亡くなったあともそのまま放置しており、壊れたミシンやカビが生えかかった整理箱、タンスなどがあるということでした。

そしてご両親の寝室の押入れは、戸を開けるといろいろなものが降り落ちてくるほど、物が詰め込まれているということでした。

解決策

まず、家全体に物が多すぎると感じましたので、すべての部屋をきれいに整理整頓し、不要なものはどんどん捨ててもらうようにお願いしました。そして気になる手作りのお面は、お寺で供養をしてから処分をするか、土の中に埋めて自然に返すようにアドバイスしました。

曾祖母さまが以前住んでおられた部屋も、まずは空気の入れ替えをして、不用品を処分したあと、「陰」のエネルギーを出す壁や押入れのカビ処理をしっかりおこなうようにお願いしました。

すっきり片づけたあとは、できれば観葉植物などのエネルギーを活性化してくれるアイテムを置いたり、バグア・チャートを使って効果的なインテリアと共に各部屋を模様替えするようにおすすめしました。

1年近く経ってその方とお話ししたところ、整理整頓するのに約半年かかったものの、それが終わった頃には登校拒否だった子どもは学校に通えるようになり、うつ気味だったお母さまも症状が改善してきたということでした。

金運コーナーにトイレがある部屋に住む女性の場合

なかなか定職に就けず、金運が悪くて困っているという、１ＬＤＫに住む50代の女性から相談を受けました。

問題

まず間取りを拝見したところ、やはり「金運・富」のコーナーがバスルームになっていました。しかも古いアパートを賃借しているので、リフォームは無理とのこと。

また、部屋の中も驚くほど殺風景で、色味が何もない感じで冷たさを与えていました。

解決策

とりあえずバスルームをきれいに清掃してもらい、明るめの薄紫のチューリップの絵をお持ちだったので、それを壁に掛け、トイレの水洗タンクの上には小さいサンセベリアの植木鉢を置いてもらいました。バスタオルやタオルも紫系統の物を置くようにおすすめしました。また洗面ボウルの排水口が見えないように、百円均一ショップで買えるプラスチックの小さい造花

を置いてもらいました。そして洗面台の下の排水管は「これで金運は流れません！」と声に出しながら、赤いリボンをくくりつけてもらいました。

「名誉・評判」のエリアに出窓があったので、そこに赤いキャンドルを置くようにおすすめしました。

そして部屋のカーテンもベッドカバーも真っ白だったのですが、「結婚・恋愛」のコーナーに置かれていたベッドのカバーは、薄いピンクの花柄で華やかなものに変えていただきました。

すると、１週間もしないうちに彼女から連絡があり、部屋の中がとても華やいで、居心地がよくなったと共に、なんとフルタイムの仕事が見つかったのだそうです。

家具付きアパートに住む独身男性の場合

ハワイで家具付きの素敵なアパートを借りていた男性が、どうも居心地が悪いということで相談に来られました。

問題

部屋に入ってみたところ、壁に多くのフックがあることに気がつきました。聞いてみると、もともとこの部屋の持ち主が中国の古い絵のようなものをそこら中に飾っていたようですが、彼の趣味にはまったく合わないので、全部取り外したのだそうです。

彼の寝室に入ると、ダークな配色の女性がひとりで椅子に座っている絵が飾られていました。彼はこの絵の作家が好きでこの絵が気に入っているということでしたが、女性の表情がとても暗くて悲しげに見えました。そこで彼に現在ガールフレンドがいるのかと聞くと、なかなか好みの女性と巡り会えず、自分と付き合いたいという女性はみんな暗い感じで、好みではないというのです。

またリビング・ルームの真ん中には、ガラスの大きなテーブルが置かれていたのですが、テーブルの縁《ふち》がガラスを切り落としたままになったものでした。

解決策

壁に取り付けられたフックに物が掛かることなく放置しておくと、感情がそこに引っ掛かってしまうことを意味します。彼の気分が落ち着かなくなるひとつの理由はそれでした。よって、そのフックを抜き取って、穴を紙粘土もしくはティッシュペーパーを細かくしたもので埋め込むようにお願いしました。

また寝室に掛けられていた女性の絵を毎日見ているうちに、彼女のような相手を無意識のうちに引き寄せてしまっていたのでしょう。よって、この絵は外してもらいました。そして彼が好きだという女優の写真を、「結婚・恋愛」のコーナーに置くようおすすめしました。

そしてガラスのテーブルは、縁が部屋の中のエネルギーを切り落としてしまうので、「仕事を頑張ろう！　目標を達成しよう」と彼が頑張ってみても、障害を作り出してしまいます。そこでテーブル・クロスをかけてテーブル全体を覆うようにアドバイスしました。

数カ月してから連絡を取ってみると、ずっと落ち着いた気分でくつろげるようになり、とてもチャーミングな女性と出会えたことを教えてくれました。

健康に問題を抱えた30代の女性の場合

出版関係の仕事をしているというキャリア・ウーマン風の女性。半年ほど前に念願叶って新しくマンションを購入されたそうです。その頃からどうも疲れが取れなくなって、最近では喘息のような症状も出てきて、仕事にも差し支えるようになったとのことでした。

問題

部屋に伺ってみると、ちょうど「健康・家族」のエリアにバスルームがあったのです。このエリアにバスルームがあると「陰」の気が溜まってしまい、健康に害が出てしまいます。

さらに悪いことに、彼女のバスルームの壁は薄いブルー、そしてバスルームに置かれたタオルもブルー、バスマットは貝殻の形をしたもの、そして洗面台には貝殻にドライフラワーをあしらって飾ってあり、まるで「陰の極み」のような場所になっていました。これでは病気になってしまうはずです。

解決策

できれば壁を塗り替えてほしいのですが、なかなかそこまではすぐに手が回らないということでしたので、とりあえず洗面台の横の壁には緑豊かな木々が生い茂った自然の絵を飾ってもらい、タオルはグリーンに取り替えて、壁のあちこちに、グリーンの葉っぱのウォール・ステッカーを貼ってもらいました。そして貝殻の形のバスマットもグリーン色のシンプルなものに取り替え、貝殻の花瓶とドライフラワーも取り除いてもらいました。

数カ月ほどして彼女からメールが届き、喘息気味だった体調はほぼ改善し、整いつつあるとのことでした。

抵当物件を購入した40代のご夫婦の場合

長年マイホームを手にするのが夢だったこのご夫婦は、部屋数も多く広い敷地のお買い得な抵当物件があることを知り、さっそく購入してご主人のご両親と2人のお子さんと共に入居しました。しかしその直後からご両親の健康状態が優れなくなり、お子さんも受験に失敗したりと、つらい時期が続いているとのことでした。

問題

抵当物件は、できれば購入を避けたいものです。せっかく購入した家を何らかの事情で手放さなくてはならなくなった、前の持ち主の悲しみや苦しみのエネルギーが充満しているからです。

「子ども・創造」のエリアにあたる部屋は、子ども部屋として使用はされていたのですが、整理整頓がされていないうえに、2人の子どもが一緒に使っていたので、部屋の中のデコレーションもそれぞれが勝手気ままに飾っていて、入っただけでイライラしてしまうような状況でした。

また、ご両親のベッドルームの隣りが、メインのバスルームになっていました。

解決策

まず、家の各部屋の四隅で数分ずつ、乾燥セージの葉を炊き浄化作業を徹底してやっていただきました。これを毎週一度は必ずおこなうことをおすすめしました。家の中全体に、生きた植物を多めに飾るようにし、またバグア・チャートを参考に、各部屋をアレンジし直すこともお願いしました。

「気」の流れが悪いと感じる箇所では、クリスタルを吊るしたり、あるいはヒーリング音楽をときどき流したりすることもアドバイスしました。

「子ども・創造」のエリアにあたる部屋を整理整頓し、きれいに使うようにお願いしました。そして部屋数に余裕があるようだったので、2人のお子さんにそれぞれの部屋を与え、「落ち着いた雰囲気で勉強ができる」ということを前提にデコレーションを施し、カーテンやベッドカバーなどもあまり柄の派手なものではなく、薄いグリーン系の落ち着いたものを使用するようにおすすめしました。

ご両親の部屋の隣りのバスルームから、「陰」の気がかなり入ってきているように感じたので、部屋をバスルームから離れた部屋に移っていただきました。移った部屋が「健康・家族」のエリアにあたる場所だったので、ミニ盆栽や家族の写真を飾って、明るい部屋にするようにお願いしました。

1年ほどしてご連絡をいただいたときには、子どもたちには落ち着きが出て、勉強もよくできるようになり、ご両親の体調も改善されて住み心地もよくなってきたということでした。

金運に縁のない40代女性の場合

40代で両親と同居していたこの女性は、勤めていた会社が続いて倒産したり、アルバイトもなかなか見つからなかったり、仕事が見つかっても低賃金の職ばかりで悩んでおられました。

問題

彼女の部屋は、家全体で見ると「金運・富」のコーナーにあたりますが、あまりにも荷物を多く置きすぎていて、息もできない感じを受けました。

また彼女の部屋にバグア・チャートをあてはめてみると、部屋の「金運・富」のコーナーにあたる場所に梁が出っ張っていて、コーナーの一部が欠け落ちてしまっています。

そして彼女の部屋には小さい窓しかなく、日中でもかなり暗く感じました。

解決策

まず掃除して断捨離を強くおすすめしました。使わない品物や古い洋服は、思い切ってどんどん捨てていただきました。

また、「金運・富」のコーナーの梁の出っ張りを隠すように、紫系のやや背の高めの造花を何本か花瓶に入れて飾ってもらいました。そして梁の壁面には、彼女が持っていたヨーロッパの風景画を額に入れて、とりあえずそれを飾ることで、梁が奥に引っ込んだような雰囲気を出し、梁の問題は解決できました。

部屋にいるときは、照明を使って明るくしておくことと、空気の入れ替えもまめにおこなって、心地よい空間作りをお願いしました。できれば週に一度程度、アロマやお香を炊いて、エネルギーや空気の浄化をお願いしておきました。

5カ月ほどして彼女から再び連絡があったときには、整理整頓するのに数カ月かかったのですが、それをやり終えた直後に、前から働きたかった会社に正社員として雇われたということでした。

コンクリート打ちっぱなしの建物に住む女性の場合

モダンなコンクリート打ちっぱなしのビルの2階を借りて、小さい手作り品のショップと住居を兼ねた物件にお住まいの女性から、ショップの売上が全然上がらないことと、冷え性で体調がよくないという相談を受けました。

問題

コンクリート打ちっぱなしの建物は、見かけはとても素敵でおしゃれですが、実は「健康によくない」と風水では考えられています。

また彼女の住む場所の入口が、ビルの横の外付けの階段を上がったところにあり、お店の小さい看板が階段のところに掛けられてはいるものの、通りからは人目につきにくい感じでした。

部屋の中に入ると、まず4畳程度のショップのスペースがあり、そのスペースの奥に少し階段があってそれを上がると、居住スペースへのドアがある構造ですが、ショップは大きな窓ガラスで囲まれており、「気」が全部抜け出してしまう感じになっていました。

居住スペースも、壁が全部コンクリートのままなので、とても冷たい感じを受けるワンルームでした。

解決策

まず、階段を上がったドアの前に赤い大きめの植木鉢を置いてもらい、通りからでもよく見えるようにしてもらいました。

ショップの看板も落ち着いた色のものを使われていたのですが、逆に目立つ黄色地に赤で文字を入れてもらいました。

ショップ・スペースの大きな3枚の窓ガラスに、レースのカーテンかブラインドを取り付けてもらい、少なくともふたつは閉めておき、ひとつだけ開けておくようにアドバイスしました。

居住部の壁も、賃貸なので壁紙を貼り付けるのは難しいということでしたが、最近では簡単に外せるマスキング・テープを使った壁のデコレーションも人気があり、彼女のデザイン・センスを活かして部分的にでもそういう装飾を施したり、大きなタペストリーで壁面を覆ったりと、工夫してみることをおすすめしました。

また、部屋の中に温かみを感じるような木製の家具を置いたり、観葉植物も配置して、居住スペースも、寝る場所、事務をする場所、食事をする場所などと区別をするようにアドバイスしました。

半年ほど経ってご連絡をいただいたときには、お店には以前よりもお客さんが増えてビジネスも順調になり始め、体調も回復してきたということでした。

第7章

簡単！風水式開運方法

最後に遊び感覚で試していただきたい、ハワイの風水師直伝のおまじない的な開運方法をいくつか紹介しておきましょう。次の作業をおこなうことによって、「気」の流れを変えることができるようになっています。まずは、これらの開運方法をおこなうことで、きっとうまくいくと信じることです。

恋愛運を呼び込む方法

家の玄関のドアを家の外から見て、女性の場合はドアに向かって右上の角、男性の場合は左上の角、ドアの上のサッシ部分に、自分が理想とする相手の小さい写真を貼り付けます。1・5センチ角くらいのものがよいでしょう。写真は雑誌などから好みの俳優の写真を切り抜いて貼っても構いません。私の友人は、好きな歌手の写真をドアの右上の角に貼っておいたところ、ちょうど1週間後に彼にとてもよく似た男性と巡り会えたのだそうです。もし理想の

相手が思いあたらない場合は、とりあえず女性は男性的なシンボルとして馬、男性は女性的なシンボルとして虎の絵や写真を貼っておきましょう。

素敵な相手に出会う方法

髪型を27日間連続で変えます。たとえば最初の日は右分け、2日目は左分け、3日目はセンター分け、4日目はピンで留める、5日目はゴムでくくる……このような感じの組み合わせをローテーションで繰り返しても構いません。男性の場合は、右分け、左分け、オールバックというローテーションでもよいでしょう。

相手があなたを見るたびに、どこかが違うと、あなたに注目するようになります。

お金が入ってくる方法

アメリカでおこなわれているお金を呼び寄せる風水のおまじないなので、通貨の単位が違いますが、日本バージョンにしてみました。

毎日買い物をし、そのつり銭の中から50円玉を貯金箱に入れます。その貯金箱はベッドの右下（枕を上にしたとき）に置きます。これを27日間続けて、貯めたお金は銀行に預けます。

人生の流れを好転させる方法

A：オレンジを1個用意します（みかんではなく、オレンジです）。その皮を5切れ、カールするように剥きます。それを袋に入れながら「私は人生の流れを好転させます。新しいよい仕事が見つかります」などと願い事を声に出して唱えます。それをバッグに入れて完全に乾燥するまで持ち歩いてください。すっかり乾燥する前に、カビが生えたらやり直してください。カビを生やさないようにするには、ペーパータオルで軽く包んでからビニール袋に入れ、その袋の口を開けたままバッグに入れて持ち歩くか、家に帰ってきたらその袋をバッグから出して風

通しをよくしておくとよいでしょう。

B：勤めや学校、買い物などへの往復の道を毎日同じ道を通るのではなく、違ったルートを通ってみましょう。買い物であれば同じ店ばかりに行くのではなく、いつもと違った店に行くことでも、自分の周りのエネルギーを変えることができるので、人生の流れそのものを変える助けとなります。物事が前に進まない、マンネリ化した状態であるときに、ぜひ試してみるとよいでしょう。

C：ときどき家の中の家具の配置を変えたり、カーテンやクッションカバーの色を変えるだけでも、その場のエネルギーの流れが変わり、活性化することができます。大きな改装や買い替えができない場合でも、右の物と左の物を置き換えたり、ちょっとした変化を起こすだけで、停滞した運気を動かすきっかけとなるはずです。

あとがき

「風水には興味があるけれど、何から始めてよいのかわからない」という声を今までに何度となく耳にしてきました。そのつど「誰にでもわかりやすいテキストがあればよいのに」と思いつつも、なかなかコンパクトにまとまった本が見つかりませんでした。

そんな折り、私の風水の師であるクリア・イングレバート先生の『ハワイアン風水』（太玄社）の翻訳を手がける御縁をいただいたナチュラルスピリット社代表の今井博揮さんに「自分でわかりやすい本を書いてみれば？」と背中を押していただき、この本が生まれました。

イングレバート先生の授業や実地練習で教えていただいたさまざまな情報を簡潔にまとめつつ、私自身が風水コンサルタントで経験した実践内容も盛り込んで、風水をより理解しやすく仕上げてみました。

ぜひこの本にある「バグア・チャート」を使って、さっそく開運作業に取り掛かってみてください！　もっともあまりにも神経質に風水にこだわりだすと、いろいろなことが気になりすぎて、かえって身動きができなくなるので、そのあたりは上手に必要なものを順次取り入れていくようにしてください。

最後にこの本の出版にあたり、お知恵をお貸しいただいたハワイの風水師のクリア・イングレバート先生、ジル・サルマン女史、そしてこの本を出版するチャンスを与えてくださった、ナチュラルスピリット社代表の今井博揮さん、根気強く編集作業を続けてくださった澤田美希さん、イラストを担当してくださった花岡道子さん、デザインでご尽力いただいた小粥桂さんに心から感謝します。

２０１６年夏

●参考文献

『ハワイアン風水』

―― クリア・イングレバート著　伊庭野れい子訳／太玄社

『Feng Shui Demystified』

―― Clear Englebert /Watermark Publishing, U.S.A.

『Bedroom Feng Shui』

―― Clear Englebert /Watermark Publishing, U.S.A.

●引用文献

2ページ　バグア・チャート

『ハワイアン風水』

―― クリア・イングレバート著　伊庭野れい子訳／太玄社

●著者について
伊庭野れい子（タロットREIKO）

大阪市出身、甲南大学文学部卒業。大阪でのOL時代を経て、アメリカ・ハワイ州に18年間暮らす。ハワイでは、広告代理店でのコピーライティング、翻訳・通訳業務を経て、雑誌、ウエブサイトの編集、テレビ番組やイベントの制作撮影業務に携わる。

ハワイで活躍中の風水コンサルタントであり、風水本の著者でもある、クリア・イングレバート氏に師事。クリア・イングレバート氏の著書『ハワイアン風水』（太玄社）の翻訳を手がける。

現在は大阪在住で、通訳・翻訳業と共にスピリチュアル・コンサルタント、風水コンサルタントとしても活躍中。芸能人、スポーツ選手などのクライアントを多く持ち、占いやヒーリング、ワークショップなどもおこなっている。パワーストーン・ヒーリング、エンジェル・セラピー、アロマ・セラピー、中国占星術、TCカラー・セラピーも学ぶ。

著書には、癒しのメッセージ絵本『ハワイアン・プア・ブック』、癒しのセラピー本『ハワイアン・ブリーズ』、ヒーリングや瞑想、チャネリングの仕方を学べる『スピリチュアル・ワークブック』を出版（いずれも書肆侃侃房）。

ホームページ：https://tarotreiko.amebaownd.com
ブログ：http://ameblo.jp/tarotreiko/
メール：tarotreiko@hotmail.com

誰でもできる かんたん風水!

バグア・チャート風水

2016年9月20日　初版発行

著　者――伊庭野れい子

イラスト――花岡道子
装丁・本文デザイン・DTP――小粥桂
編　集――澤田美希

発行者――今井博揮
発行所――株式会社太玄社
電話:03-6427-9268　FAX:03-6450-5978
E-mail:info@taigensha.com　HP:http://www.taigensha.com/
発売所――株式会社ナチュラルスピリット
〒107-0062 東京都港区南青山5-1-10 南青山第一マンションズ602
電話:03-6450-5938　FAX:03-6450-5978
印　刷――シナノ印刷株式会社

ISBN978-4-906724-27-7 C0011